# 心眼を開く

SBIホールディングス代表取締役社長
北尾吉孝
*Yoshitaka Kitao*

経済界

# 心眼を開く

# はじめに――人生100年時代

## 人生いかに生くべきか

「一億総活躍社会実現、その本丸は人づくり。（中略）人生100年時代を見据えた経済社会の在り方を構想していきます」――首相官邸「人生100年時代構想」特集ページに、こう書かれています。いま人生100年時代と言われ、いよいよ定年後30年、35年をどうするか、というようなことが話題になることが増えてきています。

此の構想会議の第1回で安倍晋三首相は、「一人一人の能力を上げていく、一人一人が学びたい、仕事をしたい、その要求に応えていくことができれば。かつ、高齢者の方々は経験を持っている。その経験をいかしていくと新たな取組が可能となっていくのではないか。また学び直しをしていくことによって、新たな人生を歩んでいただくことによって社会に貢献していただけるし、あるいは、それぞれの人生が100年、もっと充実したものになっていくのではないか。このように思います」と述べられたようです。

此の人生設計ということについて中国古典では、宋の朱新仲が「人生の五計」ということを唱え実践していました。その一つは「生計」で、之はどのようにして健康に生きて行くかということです。次に社会での処世術である「身計」、平たく言えば之は自分が一生どのように身を立てて行くか、即ち社会生活・社会活動を如何に行うかという計画です。それから「家計」、之はどういう妻を貰って、どういう家をつくり、親兄弟・親戚・朋友等と如何に仲良く付き合って行くかということです。そしてどのようにして年を取って行くかという「老計」、具体的に言えば定年が目の前に近づきつつあると思うと、どんな人でも一応は過去を振り返り、サラリーマンならば退職後の生活・設計を真剣に考えます。最後は如何に死すべきかという「死計」です。

「老計」について例えば安岡正篤先生は、「噛みしめて味わいが出る。物事にあまり刺激的にならないということ。これが老境の特徴であります。年をとるということは、あらゆる意味において、若い時には分からない、味わえなかったような佳境に入っていく……これが本当の『老計』というものであります」と、『人生の五計　困難な時代を生き抜く「しるべ」』（ＰＨＰ研究所）の中で述べておられます。

また同書の中で、「ともかく、『死計』とは即『生計』なんです。ただ、初めの『生計』はもっぱら生理的な生計であって、一方、『老計』を通ってきた『死計』というものは、もっと精神的な、もっと霊的な生き方であります。つまり不朽不滅《ふきゅうふめつ》に生きる、永遠に生きる計りごとであり、いわゆる生とか死とかいうものを超越した死に方、生き方、これが本当の『死計』であります」とも言われています。

此の安岡先生の「永遠に生きる」という言は、理解が難しいかもしれません。要は一分一秒といった計数的な時間を超越して、「如何に生くべきか」といった自己の内面的要求に基づいて生きるのです。その生き方こそ永遠の今に自己を安立せしめることなのです。「如何に生くべきか」の工夫は、「如何に死すべきか」の工夫と同じことです。『葉隠《はがくれ》』に「武士道と云《い》うは死ぬ事と見付けたり」とありますが、日本武士の生き方は正に此の生き方を体現したものです。常に死を覚悟して毎日を生きる、換言すれば死ぬ気になって一生懸命に生きるということです。松尾芭蕉が『花屋日記』で「きのうの発句は今日の辞世、きょうの発句は明日の辞世、われ生涯いいすてし句々、一句として辞世ならざるはなし」と言っているのは、芭蕉が死を覚悟して日々真剣に生き切ったということをよく表しています。

『書経』の中にも「有備無患（備え有れば患《うれ》い無し）」とあるように、やはり備えあれば憂えなしで昔から此の五計を考えるべきだとされてきており、私自身数年前からは、如何に老いて行くかという「老計」、如何に死して行くかという「死計」の二つを専ら考えるようになっています。

以上は、２０１７年11月20日の私のブログ（北尾吉孝日記）で、『人生１００年時代』として記したものです。

私はこのブログ「北尾吉孝日記」を、２００７年4月12日から書き続けています。すでに11年目に入っているわけですが、日記の内容は様々な分野に拡大しています。また、現在ではFacebookでも公開しています。

本書は２０１７年9月から２０１８年8月までのブログで再構成していますが、基本的に原文通りとしました。

今回は、本書のタイトルを『心眼を開く』としました。

心眼とは辞書的に言えば、物事の真の姿をはっきり見抜く心の働きということです。

私流に心眼を解釈すると、この心眼には二つの大きな働きがあると考えています。一つは自己すなわち自分自身の本当の姿を見るということです。これは、中国古典で言う「自得」に通ずることです。仏教で言えば、自己の根源的な本性を徹見する「見性」に繋がる心の働きです。

もう一つの心眼の働きは、自己以外の他を見ることです。夏目漱石の『吾輩は猫である』の中に「彼の腹の中のいきさつが手に取る様に吾輩の心眼に映ずる」とありますが、この働きは相手の心を読むということです。この二つ目の心眼は一つ目の「自得」がある程度出来るようでなければ他人の心あるいは様々な物事の真の姿などはっきりと見られるわけがないでしょう。

物事の本質を見抜くためには、五感すなわち我々の目、耳、鼻、舌、皮膚の五官を通じて得られる感覚を超えて見えない事物を見たり出来るようにこの心眼を養うべく修行をしなければならないということでしょう。

さもないと自分の天命（天から与えられた使命）を果たせないばかりか曲学阿世《きょくがくあせい》の徒や詐欺師に溢れかえった現世を正しく安寧に生き抜くことは難しいのではないでしょうか。

私のブログをお読みになり、もし得るところがあれば、血肉化し、皆様方の実際の日常生活の中でそれが行動に移されるようになれば、私として望外の喜びです。

本書が読者の皆様の日々の修養の一助となれば、幸甚であります。

２０１８年10月吉日

北尾吉孝

# 心眼を開く——目次

## 第2章 先人に学び、人格を陶冶する

## 第3章 生きる道標を探る



## 第4章 日本政治の本質を捉える

## 第5章

# 折々に惟うこと

装丁／折原カズヒロ　編集協力／エディットセブン

# 第1章

# 君子は器ならず――リーダーの責任と役割

# 部下の目標

（２０１７年10月３日）

## 形名参同《けいめいさんどう》の世界

目標設定ということでネット検索してみますと、「ダメな上司は部下の目標設定がわかってない」（「東洋経済オンライン」２０１７年2月23日）といった類の、部下への目標の与え方に関する記事が数多く見られます。

本テーマで私見を申し上げると、例えば数字目標があります。野村證券時代、私自身が営業チームを率いていた時は、部下に目標を常に明示して全体を動かしてきました。それは時として度肝を抜くようなものでありました。

目標の与え方で私は韓非子が言うように、「形」と「名」が同じになるやり方が一番良いと思っています。それは「形（実績）」と「名（目標）」が同じになる「形名参同」の目標設定であって、目標が余りに低過ぎると簡単に目標を超えてしまって駄目です。

人間ギリギリの時にこそ様々な知恵が出てくるもので、あらゆる知恵と工夫を振り絞り必死になって努力に努力を重ねた結果、何とかギリギリで達成できる目標こそがベストだと思います。必死に努力しても全く超えられないというものでも駄目です。

事業でも何でも全て同じで、こういう形名参同の世界を作り上げるのが非常に大事になります。そして更に大事なことは、ギリギリに設定した目標を超えた時に、部下に自信が生まれることです。此の自信というものは、とても大切だと思います。

一度自信をつけることに成功すれば、次に困難に直面しても「きっと次の壁も乗り越えられる」と、その自信がより大きな目標を達成して行く原動力になるのです。数字目標がどんどん大きくなるに従って勿論そこには戦略・戦術、そして様々な知恵・汗といったものが必要になりましょう。

自信とは自らに対する信頼であり、困難を克服できた時に初めて本物になるものです。「艱難《かんなん》汝を玉にす」という言葉がありますが、部下に本物の自信を与えたいと思うならば、形名参同の目標設定を行うのが一番でしょう。

目標の達成で、上記の他にも時として良き副産物を齎《もたら》します。例えば良い人や良い商品、あるいは良い取引先が余計に集まるようになるといった具合です。そうやって自分の内外に生じる良い変化が、次なる目標の達成へと繫がって行くのです。

# 仮説と検証

（２０１７年11月13日）

## アイスクリームは日本では売れないのか

ある経営コンサルタントは嘗《かっ》て運営されていたサイト「日経Ｂｉｚアカデミー」で、「コンサルティングファームに所属する経営コンサルタントと、クライアント企業に所属する優秀な社員。（中略）よく訓練されたコンサルタントは、クライアント企業の社員よりもずっと早く、しかもポイントを押さえた戦略を立案することができます。（中略）驚くほど早く戦略を立案できる背景には『仮説思考』という方法論が役立っています」と言われています。

当見解に対して私見を申し上げるならば、先《ま》ず経営に限らず何事にもそうですが、良い仮説を立てられる人か否かは、その道にある意味のめり込んでいる人か否かに拠ると思います。常日頃から興味関心を強く持っているが故に、時に直感が働いたり色々な気付きを得たりして、良い仮説立案に繋がって行くわけです（参考：2017年10月20日北尾吉孝日記『閃きを得る』）。

私が思うに、様々な矛盾を内包する複雑霊妙な此の世において、所謂《いわゆる》コンサルティングファームの人に有り勝ちな分類や抽出、ある種のこじつけの如き類が、実社会には全くと言って良い程当て嵌《あては》まらず役立たないことが如何に多いかは、認識しておかねばなりません。例えば北海道拓殖銀行（1997年11月経営破綻）より始まった一連の破綻劇で、当時潰れた会社はコンサルティングファームの人を結構雇っていたわけですが、結果論から述べれば彼らの戦略は役に立たなかったということです。

私は、仮説と検証から結果を生んで行く人とは、日々どうやって収益を上げるかと既成概念に捉われず必死になって考えて、御客様の反応を常に分析しているような人だと思っています。例えば8年半程前に上梓した拙著『北尾吉孝の経営道場』（企業家ネットワーク）でも御紹介した通り、セブン‐イレブン創設者の鈴木敏文さんは「欧米人はアイスクリームをよく食べるのに、日本では余り売れていない」という事実に着目され、直《す》ぐに仮説と検証を行いました。

「アイスクリームは日本では売れない」と決めつけず、「売れないのは売り方が悪いからだ」と仮説を立て、アイスクリームの種類を以前より豊富にしたり、アイスクリーム用の大きな売り場を確保する等の検証を繰り返したのです。その結果、セブン－イレブンではアイスクリームが爆発的に売れました。鈴木敏文という御方は、人間の心理を考えた細かな物の見方から仮説を立て、正確なデータによって検証して行くという姿勢を何時も徹底されてきた人で、あれ程までにそれを貫く人は稀有な存在だと思っています。

冒頭の引用は４年程前のものですが、今やブロックチェーンやＡＩあるいはビッグデータやＩｏＴ等々革新的な技術が、様々な産業で実用化されるに至っています。例えばビッグデータという観点から言うと、ビッグデータをどう集め、どういう視点で分析を加えて行くかが大切だと思います。そこにピッと来るのは、命懸けで事業をどうするかと寝ても覚めても考えている経営者、及び一部の「優秀な社員」の方だと思います。

# 伸びる組織の在り方

（2017年11月7日）

**組織強化に欠かせない人材確保の秘訣**

ニュースイッチに2017年6月、「伸びているベンチャーで必要な人、いてはいけない人」という記事がありました。筆者曰く、ベンチャー企業として「採用すべき順位」は「1―頭が良く、楽観的なヒト／2―頭が悪く、楽観的なヒト／3―頭が悪く、悲観的なヒト／4―頭が良く、悲観的なヒト」とのことでした。

先ず、上記記事では「頭の回転が早い」ことを「頭が良い」とされていますが、何を以て頭が良いとするかは議論の余地があるでしょう。あるいは1位にも2位にも「楽観的なヒト」がランクインしていますが、私は楽観と悲観が共存していなければ会社は上手くは行かないと思います。

何れにしても筆者のコメントは殆どナンセンスだと思われ、ベンチャーであれ何であれ同じような人間を集めた組織体というものは非常に弱いのです。東大法学部ばかりを集めていた旧大蔵省一つを見ても、過去において一体どれだけの問題が露呈してきたかということです。色々な経験や様々な才能を有する種々雑多な人間を集めて多様性を確保することにこそ、会社経営及び組織強化といった点で大きな意味があると思います。

要するに国家や企業の発展を考える場合、トップというのが如何なる賢才を集め、彼らを信用（信じて任せて用いること）し適材適所に配置して、その全ての人達にどんどん活躍して貰わねば、国や会社は決して大きくも強くもならないのです。『論語』の「為政第二の十二」でも「君子は器ならず：君子は単に物を盛るための食器のように一つのことだけに役立つようであってはならない」と孔子が述べている通り、様々な経験をし色々なことに通暁《つうぎょう》していて適応力が無いと駄目なのです。

中国の古典の中には孟嘗君《もうしょうくん》という食客３０００人を養っていたと言われる人物がいますが、彼は誰も拒まず受け入れていたので、彼の周りには、例えば耳が恐ろしく良い人や鶏の鳴き真似が物凄く上手い人等々、多種多様な人材がいました。そして、ある時は耳の良い人が敵が追って来ていることを孟嘗君に知らせ、またある時には鶏の鳴き真似をすることで鶏の声を合図に開かれる関所の門を開けさせたというように、食客を上手に使うことで何とか難を逃れたというような逸話があります。

天は人間夫々《それぞれ》に色々な能力やミッションを与えているわけで、やはり色々な人が集まり、皆で天から与えられたものを上手く活用して行く姿勢がなくてはなりません。そして、様々な意見に耳を傾けつつ凝縮し結論を下す大将は、常に明るい発光体でなければならず、どちらかと言うとネアカが良いでしょう。

# リーダーになる人

（2017年12月19日）

## 透徹した使命感を持つ

ライフハッカーに今年9月、「5年後にリーダーになる人と、部下のままの人の違いとは？」と題された書評記事がありました。そこで「5年後のリーダー」とは、「たとえ小さなことでもないがしろにせず、きちんと結果を残し、期待された以上の成果を上げる。そこで得た経験をマニュアルに残したり、人に教えたり、何かを学んで人間成長しようとする」人を言っています。

あるいは、「自分の仕事に誇りを持ち、つねに全力投球する。色々な工夫をして褒められるので、仕事がますます面白くなり、さらに一所懸命に打ち込む。仕事の背景や意義なども考えて取り組むから、期待以上の結果を残す。そのため、より大きく重要な仕事を任されるようになる」人だとしています。

当該テーマで私見を申し上げると、リーダーというのは基本、その人に与えられた境涯・境遇の中でリーダーになるという覚悟、換言すれば透徹した一つの使命感を持ち、リーダーに相応しい人物になるよう自分で自分を築いて行く人がなるのだと思います。何らかの天分に恵まれたが故、自然とリーダーになるのかと言えば、決してそうではありません。

「己より賢明な人物を周辺に集めし男、ここに眠る」とは、米国の「鉄鋼王」アンドリュー・カーネギーの墓碑銘です。リーダーとしてより大事なのは、如何なる大志を抱き、自分の人間的魅力により優秀な人を多く集わせて、彼らと共に自分がやるべきことを明確にし、そしてその志念を共有化して行くというプロセスです。

此の志という字は武士の士に心と書きますが、8年半程前に上梓した拙著『北尾吉孝の経営道場』（企業家ネットワーク）でも御紹介した通り、「士という字を見ると、十と一の合字。十は大衆、一は多数の意志を責任を持って取りまとめること、あるいはその人たちの一般的指導者を表します。ゆえに志とは公に仕える心、多くの人を引っ張っていく責任の重たい士の心」を言うのです。

## 人間的魅力を有しているか

リーダー足らんとする者が高い志を持ち、世を良き方に導くべく強固な意志を有する時、そこにはやはり自分を律する心、そして努力する心といったものが必要になってきます。必ずしも特別に卓越した頭脳が必要なわけではありません。「三顧の礼」を以て劉備玄徳が諸葛孔明を迎えられたのもそうですが、畢竟《ひっきょう》その人間が人間的魅力を有しているか否かに尽きると言えましょう。

そもそもリーダーとは、その人自身がどう思うか・周りがその人をどう思うかといった問題だと思っています。孟子は、どのようにして人が天子になるのかについて、「天授け、人与う」という言葉を残しています。「天が天命という形で授け、人民が与うという形」で、人は天子になる、指導者になると言っているのです。人徳のない人には、人はそのようなポジションを与えないのです。

自分で「社長になりたい」「大臣になりたい」と思っても、必ずしもなれるものではありません。上記した真面目な努力等を怠って要領よく地位を得ようにも、絶対に得られるものではないのです。それなりに自分を律し、それなりの努力をし、それなりに自分の人間力を高め、世のため人のためを掲げて人望を得、そして「リーダーになって当然だ」と皆が認めてくれる人間にならなければならないのです。

# 新しい酒は新しい革袋に

（２０１８年３月22日）

## 転職者に求められる心構え

私どもＳＢＩグループは１９９９年の創業から一貫して顧客中心主義の徹底とインターネット革命を標榜し、金融革命に向けて邁進してきました。幸い、当時想定したよりも早いスピードで創造的破壊のプロセスが進行しました。来年７月に創業20周年を迎える当社で、これまでの急成長を支えてきたのは、各種業界からの様々な転職者です。

新規事業の立ち上げといった場合、大学を出たばかりの若者を雇ってスタートすることなどは中々出来るものではありません。やはりある程度の経験・知識を、他社で金を使い育てて貰ったような即戦力を採用するのが、一番手っ取り早い方法であります。

他社を辞めて来る理由は人それぞれです。サラリーマン社会では上司との人間関係あるいは派閥や徒党による対立的状況の中で、能力が有りながら出世できないといったケースも多く見られます。我々は、そういう人達を採用して正当な評価を下し活用して行けば、大いに戦力になると一貫して考えてきたのです。

現在「新しいＳＢＩを、いっしょにつくろう」ということで、私どもグループはFintechや仮想通貨等の次世代金融分野における新規事業の創業メンバーとして、同じ志を持ち共に挑戦してくれる仲間を募集しています。当社に限らず転職した人で一般的に大切なことは、辞めた会社の事を一旦忘れ去ることだと思います。

昨年11月「入社後に活躍できないミドル層の特徴は『前職のやり方を持ち込む』人」という記事もありましたが、何時までも「前の会社はこうだったけど、此の会社はどうだ」といった具合に比較論一色で物事を見ないようにすべきです。

心機一転し転職先企業を新鮮な目で見て、どんな人が居、どんな事が意義ある仕事になり、今後どんな側面を伸ばして行けるか、等々新しい会社を中心に細かく観察し深く考えて行くことが何より大事だと思います。

『新約聖書』に「新しき葡萄酒を古き革囊《かわぶくろ》に入るることは爲《なら》じ」とありますが、やはり「新しい酒は新しい革袋に」盛らねばなりません。何時まで経っても古い革袋が抜け切らなければ、新しい酒もうまくはならないでしょう。

# 仕事ができる人

（２０１８年４月５日）

## 仕事の意義を理解できているか

ひと月前のダイヤモンド・オンラインに、「一目置かれ、仕事ができる人の共通点とは？」という記事がありました。筆者曰く、その人とは「単に担当している仕事を早くそして高いパフォーマンスで行える」だけでなく、「みんなが実は大事だと思っているけれど、でも自分の担当じゃないから……と見ないふりをしているものごと（中略）に積極的に取り組んでいく人」だとしています。

そしてそれに続けて例話を交え、「目の前に落ちているゴミをまたがない」姿勢が大事であると述べています。勿論そこにゴミがあると気がついたのならば、拾えばいいですし、自身がゴミを捨てる担当でないとしても、見過ごすことなくゴミ箱に入れたらいいでしょう。しかし、私は此の姿勢と仕事ができるということは全く関係ない話だと思います。

私見を申し上げれば仕事ができる人とは、先ず与えられた仕事につき時間を掛けずに終始先後の判断を行い、そして一気呵成に右から左へ流れるよう唯ひたすらに片付けて行く人です。明治の知の巨人である森信三先生の言葉を借りて述べますと、「少しも仕事を溜めないで、あたかも流水の淀みなく流れるように、当面している仕事を次々と処理していく」人のことであります。

それから余分な時間を作ったら、次には自分が今やっている仕事に関し、「もっと効率的に完璧にこなすにはどうしたら良いか」「より生産性を上げるには……」「如何にして改善・改良を成し得るか」等々と、次から次に考えることが大事だと思います。そして更には自分が担当している仕事につき、会社全体の方向性の中で位置付けて行くことが出来る人を私は評価します。

結論から言えば、自分の所属している部署にとって、会社にとって、あるいは社会にとって、自分の仕事の意義を本当に理解した上で、その意義を具現化するため一生懸命に全力投球するわけです。真に仕事ができる人は、出来るだけ品質の高い商品・サービスを提供するには如何なる方法があるかといった類を超え、イノベーションを起こして行くことは本当に不可能かといった所までどんどんと考えを膨らませながら、新たな仕事を創り出して行くものです。

# 天授け、人与う

（２０１８年5月24日）

## 人を選ぶ難しさ

株式会社ファーストリテイリング代表取締役会長兼社長の柳井正さんは、御自身の後継者の条件として、「全員から支持が受けられる人、決断できる勇気を持っている人」を先月12日の決算説明会で挙げられたようです。

昨年12月のブログ『リーダーになる人』（２０１７年12月19日）でも「天授け、人与う」という孟子の言葉を御紹介したように、人望や人気あるいは徳と言っても良いかもしれませんが、そのようなものを重ね持ち且つ能力・手腕もある人でなければ指導者にはなれません。

孟子は、天が天命という形で授け、人民が与うという形で、人は天子になる、指導者になると言っているわけです。例えばトップからある人がナンバー2だと位置付けられたとしても、他の多くの社員からも同じように支持を得られなければ良いバトンタッチとは言えないでしょう。

人徳のない人が指導者の地位に就くと、直ぐに組織は機能しなくなります。たとえ指導者になれたとしても、結局彼は退かねばならなくなるのです。従ってトップは人望がない人に、そうした重い地位を与えるべきではありません。

尤《もっと》も「上、下をみるに3年を要す。下、上をみるに3日を要す」と言われますが、上司は部下の仕事全てを把握出来るわけでなく、胡麻を擂《す》られ世辞も使われますから彼等に対する評価を往々にして誤ります。

一般論として、トップがある人をナンバー2やナンバー3に据え後継者に相応しいか否かをみるに3年を経ても、その人の本質が中々出て来なかったりして誤魔化されるケースは結構あるように思います。

対称的に、下は3日を要せば「あぁ、この上司は駄目だ」と直ぐに分かるわけで、先に「人与う」と述べたように、部下からの評価が如何なるものかが大事な要素になります。従って組織として、部下が上司や周りの同僚等を評価出来るようなシステムが求められるでしょう。

そういう意味で私どもの場合は「360度評価」を導入していますし、更に御客様の評価といった外部の情報も重要なものとして考慮されねばなりません。上は往々にして騙されるという前提の下、我々は出来る限り様々な情報を入れ人を判断しようとしています。

人を選ぶとは、それ位に難しいことだと思います。ですから、私は自分で選ぶというよりも自然の成り行きで、例えば「うちの大将あの人に大分力を入れ込んでいるみたいだが、周りの評価も悪くない」「彼がリーダーで良いのではないか」といった具合に、衆目の一致するところが非常に大事だと思っています。

# 成功企業の戦略策定

（２０１８年７月２日）

**省くことの意味を噛み締める**

レランサという戦略コンサルティング会社の社長、スティーブン・ブライスタインさんは「成功する企業が策定する戦略に５つのポイント」を見出されているようです。それは、①「どのビジネスを排除するのかを決める」、②「まず行動し、後から賛同を得る」、③「完璧さよりもスピード」、④「競合相手の分析をやめる」、⑤「未来は予想するのではなく、創造する」、ということだとしています。

これらの内、③と⑤に関しては、特段の指摘を要さぬものでしょう。当ブログでも過去、『速くて雑な仕事、遅くて丁寧な仕事』（２０１３年7月18日）や『未来を予測できるものに未来は訪れる』（２０１７年2月23日）等と題し、述べてきたことであります。御興味のある方は、是非ご覧頂ければと思います。本ブログでは以下、残り３点につき私が思うところを簡潔に申し上げます。

先ず①「どのビジネスを排除するのかを決める」とは正に耶律楚材《やりつそざい》の言、「一利を興すは一害を除くに若かず。一事を生ずるは一事を減ずるに若かず」に包含されましょう。耶律楚材とは、若干27歳で54歳のチンギス・ハンの宰相となり、30余年モンゴル帝国の群臣を仕切った非常に博学かつ胆識を有した人物です。此の捨てるとか省くということは何でも彼んでも付け加えることよりも大事な思考であって、私は経営者として何時も此の言葉を頭に入れています。

我々は絶えず問題を省《かえり》み、そして省《はぶ》くことの意味を噛み締めて行かねばなりません。それは、害となる恐れのあるものを減らして行くことかもしれませんし、また、他のものを増やす場合は限られた経営資源の有効利用という観点から何かを減じた方が良いということかもしれません。

次に②「まず行動し、後から賛同を得る」との指摘は、少し違っているのではと思います。何が違うかと言うと、『孫子』に「夫れ未だ戦はずして廟算するに勝つ者は、算を得ること多きなり」とあるように、戦の勝敗は廟《びょう》（祖先・先人の霊を祭る建物）で作戦会議を行う時に既に決しています。勝算なき戦に足を踏み入れぬよう、余程慎重に検討を重ねなければ駄目なのです。之また『孫子』に「算多きは勝ち、算少なきは勝たず。而るを況んや算無きに於いてをや」とある通りです。

従って「まず行動し、後から賛同を得る」のではなく、事をスムーズに運ぶべく「まず堂々と主張し、皆の英知を結集して合意を得るよう努める」方が明らかに良いと思います。その努力を怠り取り敢えず行動するというのは、ある意味何事も成功するかの如き錯覚に陥っているのではないでしょうか。

逆に私の場合は、「十のうち一～二つが思い通りに行ったら御の字」とか「失敗するのが当たり前」と考えますから、それだけ慎重に様々な事柄に当たっているわけです。同時にまた、勝機を失わぬよう決定事項は果敢に断行し、動的に変化を洞察しながら臨機応変に軌道修正もして行くことが肝要だと思っています。

最後に「自社の強みに基づいて市場と業界を定義し、自分たちのやり方でライバルに競争させる」とのことで④「競合相手の分析をやめる」とありますが、之は完全に違っていると思います。『孫子』に「彼を知り己を知れば百戦危うからず」とあるように、相手がいる以上やはり相手を考慮せずに何事もやるわけには行きません。競合相手に対する徹底分析がなければ、百戦危うしということになるでしょう。

# 四半期決算は廃止すべきか

（2018年7月11日）

## 四半期決算に振り回される弊害

ひと月程前、「ウォール・ストリート・ジャーナル日本版」に「【寄稿】短期志向は経済に有害＝バフェット氏とダイモン氏」と題された記事がありました。その中で両氏は、「われわれの経験では、四半期の利益見通しは長期的な戦略、成長、持続可能性を犠牲にし、短期的な利益に不健全に注力させることになる」とか「企業は四半期の利益見通しを達成するため、技術投資や雇用、研究開発を頻繁に抑制している」、あるいは「短期志向の資本市場は長期的な視点を持つ企業の上場を阻害し、経済からイノベーション（技術革新）や可能性を奪っている」等々の指摘が行われています。

此の「公開企業は四半期の利益見通しを廃止すべき」との見解に対し、公認会計士の武田雄治氏は御自身のブログで、「四半期ごとの業績見通しの開示のみならず、四半期決算の開示自体をやめてはどうかと思っています。全上場企業が半期報告書制度に戻し、四半期レビューを中間監査に戻すべきだと考えます」と述べられていましたが、私も全くそれで良いと思っています。現況は、決算発表が終わったと思ったらまた直ぐに決算といったことで、四半期決算に振り回されるが如き弊害が生じています。会社経営はそれ程短期に動かないわけですから、半年に1回で十分だと思います。

上場企業の四半期開示が、例えば株主に対する適切なガイダンスになるのでしょうか。今「タイムリー・ディスクロージャー」で何か起こった場合は、基本的に適時適切に会社情報を公開することが求められます。また Mission Statement は当然として、Vision にしても3ヶ月毎に変わるような類ではありません。そして季節性は多かれ少なかれ、様々な事業会社でありましょう。バフェット氏らも言われる通り「四半期の利益は、コモディティー価格の変動や株式市場の乱高下、天候など企業の統制が及ばない要因に影響されることもある」わけで、四半期毎に業績開示して「増えた」「下がった」とやる中に大きな意味を私は見出せません。

## 経営トップが果たすべき説明責任

取り分け「大企業のサラリーマン社長」では、4~6年程度の任期中に長期戦略が立たないと思います。それは組織として経営企画部が担当部で主として考えています、といったことでは駄目でしょう。やはり経営トップたる者、自身で全ての戦略を議論していく最大の当事者でなくてはなりません。戦略を練るというのは、長期的な視野に立って如何なる事業をどのタイミングでどのような形でスタートすべきか、あるいは廃止すべきかといったことを考えることが非常に重要であります。しかし現在の時間軸だと、そうした余裕もないような感じで動いているわけです。

私の場合、四半期毎に決算説明会に臨み、長期戦略も含めて毎回長時間話をしています。また年2回、私がメインスピーカーを務めるインフォメーションミーティングも東京/大阪/名古屋で開催しています。他方、日本の東証一部上場の大企業の中で同程度に社長自らがIRにコミットしている会社は、数える程しかないでしょう。そうであるならば、せめて年に一度でも経営トップがきちっとした話を網羅的にすべきであり、また、その説明の場は出席が限られる株主総会よりインフォメーションミーティングが良いのではないかと思います。私は、四半期毎に決算を発表し、それを基に財務担当役員レベルが簡単に説明したところで、殆《ほとん》ど意味がないように思います。

# 時間を管理する

（2018年8月1日）

## 一利を興すは一害を除くに若かず

「子供のころ祖母から『仕事をやり遂げるためには忙しい人に任せなさい』と教わりました。本当に忙しい人よりも、実は暇な人の方がいつも時間がないと言っているものです。要するに、忙しくない人というのは怠惰で時間管理能力が低いのです」――之は、著名な投資家のジム・ロジャーズ氏（1942年－）の言葉とされるものです。

最近もハーバード大学ビジネススクールのニティン・ノーリア学長とマイケル・ポーター教授が、大企業のCEOの時間の使い方に関する研究結果を発表しましたが、此のタイムマネジメントというのは、ある意味非常に難しい問題であります。

例えば、ウォーレン・バフェット氏の場合は「スケジュールを極力簡潔化」し「そのほかの仕事は臨機応変に優先順位をつけて対応している」ようです。対照的に、ビル・ゲイツ氏の場合は「過密なスケジュールを最短で5分単位にまで細分化し、（中略）また自分が目を通すべき重要なメールを部下により分けさせるなど、様々なタスクで優先順位を決めている」ようです。

ここで一点、気になります。世界でも指折りの成功者であるゲイツ氏に反論するのは恐縮ですが、率直に申し上げて重要なメールか否かの判断を部下が下せるとは私には思えません。ある範疇に関し基本的には人任せにせず、全て自分で目を通すべきだと思います。その為そもそも夥《おびただ》しい数のメールが来ないよう、自分のやっている対象を絞り込んで行かねばならないでしょう。

私自身の場合を考えてみても、やることは自分でどんどん広げているような気がします。だから多忙極まるのは当然として、片一方で削って行くということもしています。新しい仕事が始まり優先順位を高く置くとしたら、古い仕事でそれが低くなったものを削って行く作業が必要だと思います。

そうでないと益々メールは増え、人任せにしないといけない案件が増えて行くからです。私は、捨てるとか省くということは、何でも彼んでも付け加えることよりも大事な思考だと思っています。正に耶律楚材《やりつそざい》の言、「一利を興すは一害を除くに若かず。一事を生ずるは一事を減ずるに若かず」の通りであります。

私は嘗《かつ》て『時間の配分』（２００８年2月25日）というブログの結語で、「海外への出張と、そして国内の膨大な仕事に追われるという毎日が続いており、そのために仕事の優先順位付けと、時間の振り分けを綿密にやっています。そして土日休日も可能な限り有効に時間を使うべく、今は仕事一点に照準を合わせて、働いていこうと思います」と書きました。

相も変わらず仕事一点に照準を合わせて働き続けているわけですが、自分が最重要だと思うことにより多くの時間を割き、人任せにするようなことは基本ありません。勿論それは、人を信用しないからではありません。それは、グループ全ての経営に関するありとあらゆることを頭に入れ、短期的・中期的・長期的にどうかを勘案しながら瞬時に終始先後を判断できるのは、自分以外に務まらないと思うからです。

## 野口悠紀雄さんの猿に纏《まつ》わるツイートより

（２０１８年８月８日）

### 猿にバナナは選べるか

私はTwitter上で野口悠紀雄さん（@yukionoguchi10）をフォローし、日々そのツイートを目にしています。その中に「猿は、同じ大きさのバナナを２つ与えられて１つを選ぶよう迫られると、どちらを選んでよいか分からず、結局餓死してしまうそうだ」（２０１８年８月４日）というツイートがありました。

此の言に対しては、「決断するということは、実は高度な知性が必要な営みだということでしょうか？」とか「横から違う猿が一個取って行ったら、自ずと生きていける。って事ですか？ 搾取が正義的な?? 真意がわからないです」とか、あるいは「嘘だと思いますw」といったリプライが為されていました。

私の場合、「人間も色々だから、猿も色々？ 猿にも個性があるのでは？ 中には優秀な猿もいるのではないか?」と思い、「画一的に全ての猿が、そういう事ではないだろう。しかし、実際の所どうなんだろう……」と思いながら、リツイートしました。

もう少し詳しく述べますと、嘗て読んだ世界的ベストセラー『ビジョナリー・カンパニー』(ジム・コリンズ著/1995年/日経BP社)をふと思い出し、人間と猿を比して「どちらを選んでよいか分からず」というケースを考えました。

同書の中に、「ORの抑圧」をはねのけ、「ANDの才能」を活かすという挿話があります。之は、ビジョナリー・カンパニーと言われる会社の多くが「一見矛盾する逆説的な考え方を持っている」といった話です。より具体的には、以下の例等が挙げられています。

・利益を超えた目的　と　現実的な利益の追求
・揺るぎない基本理念と力強い変化　と　前進
・社運を賭けた大胆な目標　と　進化による進歩
・理念の管理　と　自主性の発揮
・長期的な視野に立った投資　と　短期的な成果の要求
・哲学的で、先見的で、未来志向　と　日常業務での基本の徹底

「AかBのどちらかでなければならず、AとBの両方というわけにはいかないと考える」のは、ビジョナリー・カンパニーでありません。ビジョナリー・カンパニーというのは、「理想主義と収益性のバランスをとろうとしているわけではない。高い理想を掲げ、かつ、高い収益性を追求する」のです。

人間の世界には必ずしも二者択一でなく、最終的には正反合（ヘーゲルの弁証法における概念の発展の三段階。定立・反定立・総合）の合に持って行けるような知恵、更には正（命題）とも反（反命題）とも分からなくなってしまうような解、といったものもあり得ます。

そういう意味ではそもそも猿は、合（中庸）を追求出来ないのかもしれません。私は野口さんのツイートを見た時に、正しいとか間違っているとか良いとか悪いとかは別にして、此の通りのことが頭に浮かびました。本ブログを読まれた皆様は、如何に思われたでしょうか。

# 創業と守成

（２０１７年10月５日）

## 会社の発展段階に応じて

８年程前、朝日新聞出版より上梓した拙著『逆境を生き抜く名経営者、先哲の箴言』では、何人かの経営者の言を御紹介しました。偶然にもサラリーマン経営者の言は殆どなく、松下幸之助さんや本田宗一郎さんといった創業経営者の言が殆どでありました。

創業者とサラリーマン社長とは、私は全く異質なものだと思います。ゼロから業を起こし創り上げて行くプロセスと、既に出来上がったものをベースにしながら発展させて行くプロセスとでは、どちらが偉いとか偉くないとか良いとか悪いとかは別にして、大きく異なるものだと思います。

創業社長は大抵10年以上の長きに亘って経営トップの任に当たっており、２期４年や３期６年といった任期を務めるサラリーマン社長とは全く違っています。サラリーマン社長の場合は、自分の任期中に恙無《つつがな》く、大過なく過ぎればよしということでしょう。連綿と受け継がれてきた経営を、少なくとも任期の間は失敗せぬように会社運営に当たるわけです。

片や創業者の場合、その創業から現在に至る迄のプロセスの大部分は、自らが知恵を出して事業の種を蒔き、リスクを引き受け汗をかきながら創り上げてきたのです。勿論、英知を結集するということも出来る範囲でやりますが、非常に限られた人材しかいない中でそれをやり、全責任を自分が背負いディシジョンメイキングして行かねばなりません。

サラリーマン経営者も沢山の役員がいて分担する中で最後のディシジョンメイカーとしては君臨していますが、合議制の世界であり全権を持って会社を動かして行くような存在ではありません。上記した松下さんのみならず、例えば孫正義さんでも柳井正さんでも皆が、その手腕・才能・経験あるいは人物全てを総合した力で、それを成し遂げてきたわけです。

「創業と守成いずれが難きや」と『貞観政要』にある通り、創業には創業の難しさが守成には守成の難しさがあります。会社が成長期にあるのか成熟期にあるのか等、その発展段階に応じて夫々誰が適材かということになるのだと思います。トップに関しても勿論、創業経営者の類のタイプがずっと続くのが最良とは言い切れないでしょう。

徳川家康はしっかりと『貞観政要』を読み込んだ上、更にそれを講義させ研究していたと言われています。所謂「関ヶ原の戦い」迄の家来達とそれ以後「徳川三百年」の礎を創って行く家来達とでは当然能力・手腕の違う人間であるべきで、天下統一後は国づくりのステージに適した家来を自分の周りに置くようにしていたわけです。家康であれ誰であれ創業者は、創業と守成の難しさを認識し、違った毛色の人を集めるということが必要だと思います。

# 第2章

# 先人に学び、人格を陶冶する

## 人相というもの

（2018年2月19日）

### 一面出てくる品性や生き方

定期購読誌『ハルメク』2018年2月号の連載記事「村木厚子 毎日はじめまして」は、「政治家と顔」と題されたものでした。御承知のように、元厚生労働事務次官の村木さんは、所謂、障害者郵便制度悪用事件で冤罪を被られた方です。彼女は同世代人に対し、当該記事の結語として「私たちの厳しい目、考え抜いた一票で、若い人たちと共にいい顔をした政治家を育てませんか」と書かれていました。

「顔にはすべてが表れる」とはよく言われますが、一概に顔でどうこうと人物を推し量るは難しくまた危険だと思います。孔子でさえ澹台滅明《たんだいめつめい》が入門して来た時、余りにも容貌が醜かった為「大した男ではなかろう」と思っていたら、実は大人物であったという失敗談が『論語』にもある位です。ちなみに澹台滅明は、同じく孔子の弟子である子游《しゆう》が武城という国の長官となった時、部下として取り立てられ、その公平さを賞賛されています。
尤も、人間、顔にあらわれる部分も勿論あると思います。例えば、エイブラハム・リンカーン（第16代アメリカ合衆国大統領）も「四十を超えたら、自分の顔に責任を持て」という言葉を残しています。知人がリンカーンの所にやって来て、「この人をあなたの下で働かせてくれないか」と、ある人物の紹介をしました。彼にとってその知人は恩人とも言える人でしたが、結局その依頼を断ったのです。その理由は、「彼は顔が悪い」というものでした。

あるいは、あのナポレオン・ボナパルトを失脚させたアーサー・ウェルズリー（初代ウェリントン公爵）もリンカーン同様、やはり顔に一面出て来るその人間の品性、生き方や考え方を見て人を判断していました。その典型が言ってみれば人相学というもので、中国でも長年に亘り人相というものを大事にしてきています。

昔、小生のことを可愛がってくれた啓功さんは、若き日に此の人相学を研究されていました。啓功さんは、正に世が世なら皇帝になっていた家柄（愛新覚羅）の直系です。中国の書法家協会の名誉主席を長らく務められ、中国でも非常に尊敬される大書道家でありまます。また、此の方が本物だと言えば本物になる位、骨董品等の鑑定でも大変な眼力の持ち主でした。

その啓功さんと初めて御会いした時、どういう訳か私の人相を気に入って下さり、私の顔を見て「あなたは、気宇壮大《きうそうだい》だ」と言って下さりました。気宇壮大とは、「心意気がよく度量の広いこと。構想などが大きく立派であること。また、そのさま」といった意味になります。私は北京を訪問する時に都合がつけば啓功さんを北京師範大学に訪ね、その御縁を大切にしていました。

# 人に優しくなれる人

（２０１８年2月2日）

## 私利私欲を制御できるか

「なぜ経験を重ねると、人に優しくなれるのか」（２０１７年12月7日）と題されたブログ記事で筆者は、「お互いさまの精神は、多くのことを経験した人ほど持っているものだと思う。（中略）年月とともに経験は増えていくという意味で、年齢を重ねるほど大人になるというのは間違いではない」と述べられています。

そしてそれに続けては、「だが、何歳になっても優しさが身に付かない人もいる。それは性格の問題ではなく、経験の問題、つまりどんな人生を歩んできたかということなのかもしれない」と言われているのですが、率直に申し上げて私には余りピンとこない言葉に感じられます。数多の貴重な経験を悉く《ことごと》重ねたとしても、人に優しくなれる人となれない人が当然ながら在りましょう。

歳と共に人に優しくなれるかもしれない人とは、「楽天知命：天を楽しみ命を知る、故に憂えず」『易経』の境地とまで行かずとも、ある種自分自身の置かれている立場や自分の能力といったものが大方分かってきて、周りの人全てに感謝の念を抱きながら、多くの人のために生きて行こうという姿勢を強めて行く人だと思います。

他方、歳と共に名誉欲や権力欲の類が強まって行くような人も之またいるわけで、そういう策謀を様々に巡らせて良からぬことばかりを考える強欲な人、即ち「外見ニコニコ・腹の中真っ黒け」の人は優しくなれないでしょう。人に本当に優しくなれるか否かは基本、私利私欲を如何にコントロール出来るようなっているか、そこに尽きるのだと思っています。

「爾曹但《なんぢがともがらただ》常に人を責むるの心を以て己を責め、己を恕《じょ》するの心もて人を恕せば、聖賢の地位に到らざるを患《うれ》へず」とは、『小学』にある范忠宣公《はんちゅうせんこう》の戒めの言葉です。ある種の性《さが》かもしれませんが人間というのは常に、自分を責めるに寛大過ぎて自分を褒めるに寛容過ぎる、といったところが有り勝ちです。本来、己に厳しく人に優しくするのが、正しい生き方であります。「聖賢」と呼ばれるような人物は、人を利するところまで行くわけです。之はもう修養を積む以外なき道だと私は思います。

# 努力できる人

（２０１８年7月25日）

## 努力とは習慣の産物

努力ということに関しては、嘗て当ブログでも『努力に無駄なし』（２０１６年11月7日）や『努力の重要性～人間の差を生むもの～』（２０１２年7月26日）、あるいは『目標・努力・自信・成長』（２０１６年2月12日）等々で様々に論じてきました。本ブログでは以下、努力できる人と出来ない人の差異につき簡潔に述べて行きたいと思います。

結論から申し上げれば、私は努力とは習慣の産物だと思っています。安岡正篤先生は「人間には本質的要素と附属的要素、すなわち本性と属性があり、もう一つ大事な習性というもの」があると言われ、「徳性は人間の本性であり、知能・技能は属性であり、習慣は徳性に準ずる。三者相待《あいま》って人間を大成する」と「学生憲章」の「第一章」に挙げられています。

先生はまた、「そもそも習という字は、上の羽ははね、下の白はしろではなくて鳥の胴体の象形であります。すなわち雛鳥が段々成長して、親鳥の真似をして羽を広げて翔ぶ稽古をするという意味であります。そこで人間はなるべく早いうちに良い習慣を身につけさせる、之は徳性に準じて大切な事であります」とも述べておられます。

「習慣は第二の天性である」とか「習《ならい》、性となる」、あるいは「人生は習慣の織物である」とかと言われる位、習慣は人間にとって非常に大事であり、人間たる本質的要素に加えることも出来ると思います。子供の時から、一つのものを成し遂げる為あらゆる努力をして行かねばならない、と親が習慣づけることが大変重要になるのです。

此のあらゆる努力を分かり易く言えば、睡眠時間を削るとか遊ぶ時間を減らすとか、あるいは目標達成の為いかなる知恵を出し、どれだけの犠牲的な精神を発揮してリーダーシップを執るかといった類を指します。努力できるか否かは終局、習慣そのものの有無に尽きるのではないかと思うものです。

「つとめても　なおつとめても　つとめても　つとめたらぬは　つとめなりけり」という道歌があります。安岡先生も言われるように、「努めるということも――天地・宇宙は限りないクリエーション（創造）でありますから、われわれも常に何者かを生む努力をしなければなりません――大切な徳性」です。私は人間として、努力し続ける姿勢を持つことが大事だと思います。

『易経』でも「天行健なり。君子は以って自彊《じきょう》して息《や》まず」とあります。之は、「太陽は一日も休むことなく動いている。それと同じように君子たるものは一日も休むことなく、努力し続けないといけません」ということです。

# 呼吸ということ

（2018年7月20日）

## 何事にも順序がある

安岡正篤先生は御著書『論語に学ぶ』の中で、「そもそも息というものは、呼吸と言う如く、吐くことが大事なのです。ところが大抵は、『吸呼』はするが、『呼吸』はやっておらん。大体、肺容量の六分の一くらいしか息をしておらぬそうです」と書いておられます。更に続けられて、「ということは残りの六分の五は汚れた空気がそのまま沈澱しておるわけである。だから人間は時々、思い切って肺の中に沈澱しておる古い息を全部吐き出して、新しい空気と入れ換えねばならん」と述べておられます。

人は概して、吸を重要視するよう思われますが、本来、呼（吐くこと）を大事にしなければなりません。吐いてから吸えば自然に吸う方が沢山になるわけで、肺に溜まっている汚れた空気を全て吐き出し、新鮮な空気を深く吸い込むのです。之は、禅やヨガ等々の呼吸法の基本です。

血液というものは、酸素が無ければ体における役目を果たせません。呼吸とは、生きて行く上である意味最も大事な要素であります。にも拘らず、殆どの人が誤って吸呼（吸ってから吐くこと）しており、正しく呼吸（吐いてから吸うこと）出来ていないのです。之に限らず、何事にもきちっと順序があるものです。私が気付く卑近な例の一つに、多くの人が粉薬を口に入れてから水を飲む、ということが挙げられます。先に水を口に含み、そこに粉薬を浮かせ、舌に付かぬようゴクッと飲めば、苦いとか不味いとかといった話にはならない、にも拘らずです。

このようにあらゆる事柄が合理的に為されねばならないわけで、吐いてから吸うことも正に合理的なのです。呼吸に関して更に言うと、例えば『荘子』に「真人の息は踵《きびす》を以てし、衆人の息は喉を以てす」とあります。

之は「きびす、すなわちかがとで息をするということは深く息をすることです。ところが衆人の息は浅くて咽喉でやっている。呼吸は喉《こう》息ではだめで、踵《しょう》息でなければいけません」といった意味になります。

此の「踵息は現代の気功法の中に復活し、（中略）全身の最も末端であるかかとまで気を巡らせることを教えている」(『健康なからだの基礎』日本養生学会/市村出版)ものです。日頃何気なく行っている簡単な動作でも、意識してよく考えてみることが必要だと思います。

# 天下の事、万変と雖も吾が之に応ずる所以は喜怒哀楽の四者を出でず

（２０１８年6月21日）

## 論理よりも情理

LINE の元社長で現在 C Channel トップの森川亮さんは、「駄目になってしまった会社の人と話をすると、駄目になってしまった理由として、経営者が情に流されてしまったというのが多い」と言われています。ですから森川さん御自身は、「とにかく情に流されずに正しい意思決定をしなければいけないと考えていた」ようで、「深く人を観察して組織を知った上で、冷静な判断をするということを心がけるようになった」とのことです。

王陽明が弟子に与えた手紙の中に、「天下の事、万変と雖も吾が之に応ずる所以は喜怒哀楽の四者を出でず」という言葉があります。私は、王陽明が言うように企業経営においても、やはり一番大事なのは知、単なる論理でなしに情と合わさった理というもの、情理だと考えています。

人間ややもすると情よりも知の方に重きを置きがちですが、そのプロセスとして必要なのは論理で考えて行き、最終結論を下す前に情理で再考することです。人間の世界は所詮「喜怒哀楽の四者を出でず」、それぐらい情というのは大事なのです。

夏目漱石の『草枕』の一節に、「智に働けば角が立つ。情に棹《さお》させば流される。意地を通せば窮屈だ。とかくに人の世は住みにくい」とあります。「情に棹させば流される」かもしれませんが、要は知情意を如何にバランスさせるかの問題であって、画一的に情と知とを分けるものではないでしょう。私自身は、此の知情意の中でも殊に情意が重要だと考えており、とどのつまり人が動かされるのもその全ては情意だと思っています。

情意に知も含めた形でバランスを取り成長して行くことが、人間として非常に大事なのだろうと思います。此の知に関し安岡正篤先生は、「知は渾然たる全一を分かつ作用に伴って発達するものだから（中略）、われわれは知るということをわかると言う。（中略）だから知には物を分かつ、ことわるという働きがある」と言われています。

例えば、疒垂《やまいだれ》の中に知識の知を入れて「痴《ち》・愚かなこと。また、その人」という字が出来ていますし、此の原字は知ではなく疑問の疑を疒垂に入れて「癡《ち》」という同義の字であったわけですが、やはり割り切ってしまう知、劃然《かくぜん》たる知は本当の知ではありません。

己をまともな人間にしようと自ら身に付けたものを行じていき、最終的には人を化して行くような人間の知とは、知は知でも情意が含まれた知であろうということです。上記「天下の事、万変と雖も吾が之に応ずる所以は喜怒哀楽の四者を出でず」とは、之を王陽明が一言で言わんとしているのかもしれません。

最後に本ブログの締めとして、安岡先生の言葉を紹介しておきます。「利口な人間、才のある人間、意志の強い人間、それはそれぞれ結構である。それぞれ結構であるけれども、本当に正しい人には、それだけではなれない。必須の条件は人情深いということである。情というものは、人間の一番全き姿を反映するものである」。

# 人物の最も大事な徳

（2018年4月27日）

## 逆境・有事の時ほど活々《いきいき》せよ

明治の知の巨人・安岡正篤先生は、「人間が自然から生まれつきに与えられておる人間の本質的な要素。まず明暗、光と闇だ。人間は本質的に光を求め、闇を嫌うね。（中略）人間はどこまでも明るくなきゃならん。暗くてはいけない。これは本質中の本質、根本中の根本の徳だ」と言われています。

また「人間の徳性の中でも根本のものは、活々している、清新溌剌《はつらつ》ということだ。いかなる場合にも、特に逆境・有事の時ほど活々していることが必要である」とも述べておられますが、人間やはり（元気の）気というか骨力《こつりょく》というか、そういうものが非常に大事だと思います。

此の骨力というのは、「男性に在っては千万人を敵とするの心。女性に在つては忍受」

であり「人生の矛盾を燮理《しょうり》（やわらげおさめること）する力」のことで、人間が本来持っている生命力（包容力・忍耐力・反省力・調和力等）のようなものを指して言います。

5年程前のブログにも書いた通り、先ず人間というのは、気が漲《みなぎ》って元気な状況を保ちながら夢や理想を持たねばならず、そうして出てきた夢や理想が志となって、その志を達する為に節操が入って志操になり、そして究極的には何かリズミカルになって風韻を発するかの如き格調高い人間になれるわけです。之は換言すれば人間の品位であり、人間の完成系ではそうした風韻の類が感ぜられるようなるのだと思います。

それからもう一つ、安岡先生は人生を生きる上で大事な3つのことに、「心中常に喜神を含むこと」「心中絶えず感謝の念を含むこと」「常に陰徳を志すこと」として、喜神を持つことを第一に説かれています。曰く「喜神を含むとは、どういう立場に立たされようと、それに心を乱されることなく、心の奥深い部分にいつも喜びの気持ちを抱いてことに当たれば、どんな運勢でも開けないものはなく、上昇気流に乗ったように開けていくという意味」とのことです。

溌剌とした明るさというものには、人を感化する上でも人を元気にさせる力があるわけです。取り分けリーダーシップを執るような人は発光体であり続けねばならず、明るくなければその責任を果たし得ないと言えるのかもしれません。そしてリーダーのみならず、人間にとって明るい心、喜神を常に持つとは大変重要だと思います。

昔、小生のことを可愛がってくれた人に、八尋俊邦さんという方がおられました。三井物産で社長、会長を務められた方です。八尋さんは「ネアカ、のびのび、へこたれず」という名言を残されています。ネアカとはリーダーに限らず、大切なことだと思います。

# 才を見い出し育てる

（２０１８年２月23日）

## 「才能」と「好きなこと」を見極める

先月14日アゴラに「若いうちに専門を絞ることはスポーツでもビジネスでも弊害あり」という記事がありました。「スポーツマーケティングコンサルタント」の筆者は当記事で、「スポーツ界で活躍するために、スポーツビジネスを高校や大学で学ぶ必要が本当にあるのか？　僕は必ずしもないと思います」等の指摘を行われています。

先ず基本的な考え方として、人間どういう才がどれだけ有するかを見極めるは難しく、そう簡単に分からないことだと思います。『論語』に孔子が弟子の冉求《ぜんきゅう》に対し、「今汝《いまなんじ》は画《かぎ》れり……今のお前は初めから見切りをつけているではないか」（雍也第六の十二）と怒る章句があります。自分の能力を自分で限定し自己規定してしまうとか、あるいは途中で諦めて出来ないと思い込んでしまうとか、そういった形で限ってしまうケースは結構あるのではないでしょうか。

4年前のブログ『「6・3・3・4」制の見直しについて』(2014年2月25日)等でも指摘した通り、例えばJewish(ユダヤ人)は個々人の才能を早く見極めて、その才能に特化した教育を徹底的に行い、様々な分野における天才を養成しています。此の人間は何処に天賦の才があるか、とある意味ずっと見て行ける人でないと一人前の学校の先生でない、といったところがある位です。こうしたJewishの教育観の如く、やはり親も先生も「この子にはどんな才能があるのか」を出来るだけ早く見い出し、その才能を伸ばしてやるということが第一だと思います。

第二に、親にしても先生にしても「この子は何が本当に好きなのか」をよくよく見て行く必要があります。才有りと思われても、嫌いなことは長続きせず、本人の努力が続かなければ、それはそれで終わりになるわけです。そういう意味では親も先生も、その才能が本物であると思えばこそ、それが好きになるよう如何なる教育が施されるべきか、と持って行ってやらねばなりません。

そして「この子にはどんな才能があるのか」と「この子は何が本当に好きなのか」が同一の場合、出来るだけ早い時期から一芸に秀でるようして行くのが本来の教育の在り方だと思います。Jewish はそうやってノーベル賞やフィールズ賞、あるいはアカデミー賞最優秀監督賞等々の輩出率で傑出した地位を占めるに至っているのです。

それから最後にもう一つ、才を開く上で非常に大事だと思うのは、本人に好きなものを選ばせるという部分です。当ブログで嘗てイチロー選手の言葉、「今自分がやっていることが好きであるかどうか。それさえあれば自分を磨こうとするし、常に前に進もうとする自分がいるはず」を御紹介しましたが、やはり自分自身で好きに選んだことは中々諦めず、何より楽しくやって行くわけです。『論語』に「これを好む者はこれを楽しむ者に如かず」（雍也第六の二十）とあるように、楽しんでやれるようなることが才能開花の一番の近道になって行くのだと思います。

# 人の成長

（2017年9月27日）

## 三日会わざれば刮目《かつもく》せよ

ダイヤモンド・オンラインに先々月27日、『『一流の人に会える人』には、1つの条件がある」という記事がありました。筆者曰く、「同じ人、状況とばかりいるかぎり、成長はありません。なぜなら、同じような人、場所と一緒にいると、同じ価値観の中でしか、ものを考えなくなるからです」とのことです。

之は、筆者も言われるように「マンネリ感に支配され」るということですが、他方一切のものとある意味自立して正に「一剣を持して起《た》つ」宮本武蔵のような「絶対」の境地に到っている人には、当て嵌《は》まらない話でしょう。

『学問のすゝめ』の中で福澤諭吉は、「独立の気力なき者は必ず人に依頼す、人に依頼する者は必ず人を恐る、人を恐るるものは必ず人に諛《へつら》ふものなり」と述べています。此の独立の「独」ということの東洋における意味は、一言で言えば相対に対する絶対ということです。

要は独の人は、何ら他に期待することなく徹底して自分自身を相手にして生きているわけです。武蔵の如き「一剣を持して起つ」境涯に至って、初めて人間は真に卓立し、絶対の主体が確立するのです。そうして主体的に生きている人であれば、いつも、同じような人、環境とばかり一緒にいようが何をしようが、変わることなく成長し続けて行くでしょう。

毎日同じ人、状況とばかりいがちな会社生活においても、例えば同じ人であっても日々変化していることを忘れてはなりません。『十八史略』に「士別三日、即當刮目相待：士別れて三日ならば、即ち當《まさ》に刮目して相待つべし」という、中国古代史、三国時代、呉の武将の呂蒙《りょもう》の有名な言葉があります。

之は旧友の魯粛《ろしゅく》に対して言ったもので、「日々鍛錬している者は三日も会わなければ見違えるほど変わっている」ということです。転じて、いつまでも同じ先入観で物事を見ずに常に新しいものとして見よという意味になります。

最近はロボットでも、ディープラーニング（deep learning）して行きます（笑）。まして人間は「復《ま》た呉下《ごか》の阿蒙《あもう》に非《あら》ず…もはや呉の部下にいた、昔の呂蒙ではない」（魯粛）わけで、人に三日会わざれば刮目して見るよう意識すべきだと思います。

# 語彙力というもの

（２０１８年６月15日）

## 日本人の語彙力低下に思うこと

明治大学文学部教授の齋藤孝さんは今、大人の言葉遣いが問題になっているとして、「子どもっぽい話し方をしている、社会人らしく見えない。そして、そのことで損をしてしまう。そういう方は増えている」と思われているようです。そしてまた、「活字文化から離れ、友だち同士のおしゃべりだけを続けていても、語彙は増えません。（中略）書き文字である活字というものを吸収していくことによって、日本語として使える語彙力を飛躍的に高めることができる」との指摘を行われているようです。

例えば語彙と交渉といった場合、語彙力は無いより有った方が良いに決まっていますし、語彙の豊富な人であれば色々な表現が出来、説得力を増すということもあり得る話だと思います。但《ただ》し、交渉相手に十分な教養が備わっていませんと、語彙を様々用い説得しようにも全く理解を得られないでしょう。こうした類では、双方が同等の教養を持ち合わせている、ということが一つ大事になると思います。

日本語の語彙の源は多くは漢籍にありますから、中国の古典といったものに対し殆ど触れることなく生きてきた人が多くなってきている状況下、当然ながら語彙は少なくなりましょう。例えば明治の知の巨人・安岡正篤先生は4、5歳の頃から漢籍の素読を始められ、此の素読が東洋の古典に向かう素地を身につける重要な体験になりました。

また私の場合はと言うと、幼少期から中国古典の片言隻句に触れてきました。勿論、自分から進んで漢籍を手にしたわけではありません。父が折に触れ中国古典の片言隻句を引きながら、古典の世界へと導いてくれたのです。今にして思えば、先ず簡潔にして端的な片言隻句によって中国古典に触れたのが良かったと思います。

あるいは、『日本外史』(源平二氏以降徳川氏までの武家の興亡を、漢文体で記した歴史書)を著した江戸後期の儒学者・歴史家・漢詩人である、頼山陽《らいさんよう》は「漢文の巧みさは、明の復古派の文人たちよりもレベルが上」(譚献『復堂日記』)と激賞されたと言われます。山陽は14歳の時、「癸丑歳《きちゅうのとし》偶作」と題された詩をつくり「江戸にいた父春水を始めとする学者たちの注目を浴び」(頼山陽史跡資料館)たわけですが、その昔は、此の程度の年齢で堂々としたものを書ける位に漢文教育が為されていたのです。

翻って現代日本を見るに、学校・家庭を問わず教育環境は極めて御粗末であり、時間の経過と共に日本人の語彙力は益々低下して行くことになるでしょう。直近でも例えば２０２２年度より施行される所謂「新高等学校学習指導要領」を巡っては、坂本龍馬や吉田松陰あるいは武田信玄やクレオパトラ等々の歴史的な人物を含め、歴史用語を現行のほぼ半数程度に減らそうなどという馬鹿げた動きも見受けられました。

冒頭挙げた齋藤教授曰く「場合によっては、『すごい』とか『ヤバい』などと言っていたら、20語ぐらいですべての会話が終わってしまう」とのことですが、こうした表現を若い人が使っているのを聞きますと、語彙力の有無云々を通り越しているのではないかと感じます。尤も、逆に之は私の語彙力に問題があるのかもしれませんが（笑）、少なくともそういう言葉を聞くと、人間が浅く感じられる、ということだけは事実だろうと思います。

ただ、『論語』にあるように「辞は達するのみ」（衛霊公第十五の四十一）であり、基本的に言葉や文章は、相手に十分にその意味や意志が伝えられれば良いとも思います。

# 聖人の言は簡

（2018年5月15日）

## 片言隻句を日々の糧《かて》に

『酔古堂剣掃』（中国明代末の読書人・陸紹珩《りくしょうこう》が生涯愛読してきた古典の中から会心の名言を収録した読書録）に、「神人の言は微。聖人の言は簡。賢人の言は明。愚人の言は多。小人の言は妄」という言葉が採録されています。

之は、「聖人よりも神に近い優れた人の言葉は機微、デリカシーがある。聖人の言葉は簡潔で洗練されている。賢人の言葉は明瞭である。それに比べて愚人は言葉数が多く、小人の言葉は出鱈目ばかりだ」といった意味になります。

逆の立場で考えてみますと、我々の心にグサッと突き刺さるのは大抵が、片言隻句という「ほんのちょっとした短い言葉」です。長ったらしい言葉が心の中に残り、その後時として自分の行動規範になったりして、自分を律する上で何か役立つといったことは殆どありません。

自分を励まし行動を促すような片言隻句をどれだけ持っているかにより、その人の人生は大きく変わって行くと思います。様々な体験の中で、それらの寸言を反芻《はんすう》する等して、日々の糧として行くのです。そうした片言隻句とは、正に冒頭挙げた微や箇であります。

例えば『論語』の「子路第十三の二十七」に孔子の言、「剛毅木訥《ごうきぼくとつ》、仁《じん》に近し」があります。此の僅か六漢字（剛毅木訥近仁）で、仁者というものがはっきりと分かります。之は、「意志が堅固である、果敢である、飾り気がない、慎重である、このような人は仁に近いところにいる」といった意味になります。

あるいは同じく『論語』にある孔子の言、「巧言令色、鮮《すく》なし仁」（陽貨第十七の十七）と一言聞けば、如何なる者が仁の心に欠けるかが、パッと頭の中に浮かんできます。之は、「口先が巧みで角のない表情をする者に、誠実な人間は殆どいない」といった意味になります。

私は、どういう人が信頼でき、どういう人が信頼できないかを、これ程明確に表している言葉は他に無いと思っています。聖人の言とは、正にそういうものなのです。人生の転機あるいは絶体絶命の危機を迎えた時、こうした片言隻句こそが、自分を励ましてくれたり物事を決断する上での指針となったりするでしょう。

また、もう少し違った見方をすれば、例えば我々凡人がスピーチを多勢の前でやるといった場合、私は、その人の職を問わず「要にして簡」、即ち必要な事柄全てを包含し簡潔に纏められているものが一番良いと思っています。

ダラダラダラダラダラと何か喋ってはいるけれど何が焦点か全く分からない、というような人は現に数多見受けられます。スピーチに限らず、要にして簡ということが、やはり非常に大事な要素だと思います。

# 第3章

# 生きる道標を探る

# 相対観から解脱する

（2018年4月17日）

## 人間の知恵の差など微々たるものに過ぎない

1ヶ月半程前『「人の成功を素直に喜べる」人は、何が違うのだろうか』と題されたブログ記事がありました。結論から言えば、人の成功を素直に喜べない人は、日頃からあらゆる事柄を相対観で捉えている人だと思います。

私は相対観で物を考えないよう心掛けてきていますから、他の人々の小事を含めノーベル賞等の人類社会の進歩発展に多大なる貢献を果たすアチーブメントに対し、良いものは良いと純粋に嬉しく思います。之は、当たり前と言えば当たり前の話でしょう。

他方、昔から「他人の失敗は蜜の味」という言葉もありますが、人の成功を妬んだり人の失敗を喜んだりするような人が世の中には結構います。そういう人は常に物事を相対比較して、「自分が上なのか下なのか」「自分にとってプラスかマイナスか」といった物差しで全てを推し量って行くわけです。

例えば明治の知の巨人・森信三先生は、あらゆる苦は相対観から出発すると述べられています。「あの人はどの学校を卒業した／私はこんな学校しか出ていない」「あの人は金持ちだ／私は貧乏だ」「あの人は美しい／私はブス」「あの人は賢い／自分は愚かだ」――そうした相対観が如何に虚《むな》しいものかを知れば、人間の苦はなくなると言われるのです。「賢愚一如」という言葉がありますが、我々人間を創りたもうた絶対神から見れば、人間の知恵の差など所詮微々たるものであり、人間の差などというものは意味がないのです。

相対比較の中でしか自分の幸せを感ずることが出来ず、その相対的な幸せを得る上での妨げとなる人物に比し自分を卑下したり、恨み等の感情を抱くといった具合に、相対的な価値観の中で生きている人の心には一生安らぎは訪れません。自分を楽にし自分の品性の向上に繋げる上で、相対観から解脱して行くことが私は非常に大事だと思います。

相対観からの解脱をもう少し考えて見ますと、例えば福澤諭吉の言葉に「独立自尊」とあります。独立とは「自らの頭で考え判断するための知力を備えることにより、精神的に自立する」ということで、自尊とは平たく言えば「自らの品格を保つということ」です。

人に依存したり媚《こ》び諂《へつら》ったりせずに自分で主体性を確立し世のため人のために生きてい

る人であれば、他人が立派なことをやったら「あぁ、これは偉い」と素直に思えるものでしょう。相対観がため他者を怪しからんと言うのは、全くナンセンスで馬鹿げていると思います。

# 今ここに生きる

（２０１８年3月13日）

## 人間は死すべき存在

マハトマ・ガンジーの有名な言葉の一つに、「明日死ぬと思って生きなさい。永遠に生きると思って学びなさい（Live as if you were to die tomorrow. Learn as if you were to live forever)」というのがあります。

曹洞宗の開祖・道元禅師は「志のある人は、人間は必ず死ぬということを知っている。志のない人は、人間が必ず死ぬということを本当の意味で知らない」と言っています。またこれらの先哲の言はその志を如何にして次代に引き継ぐかを考えながら生きているか、あるいは全くそういったことに思いを致さないで生きているかが、その人間の価値を決める上で極めて重要だと示唆しているのだと私には思われます。

之は一言で死生観の問題であって、真に志ある人とは、人間死すべき存在であるがゆえ生を大事にしなければならず、生ある間に後に続く人々への遺産を残して行かねばならないことを知っている人を言うのでしょう。

そしてその遺産とは、物的なものでなく「志念の共有」ということであり、世に何らかの社会的意義のある足跡を残して行くということであって、必ずしも有名になったり大事業を残したりといった類に限りません。自分がしっかりとした人生修養をして行く中で学び得たものを、次代に引き継げるようになれば、それだけでも良いのです。

今ここに真剣に生きることが永遠に通じるような生き方になり、肉体が滅びてもその名は時を超え果てしなく残って行くことになります。例えば、「旅に病んで夢は枯野をかけ廻る」という辞世句を残した松尾芭蕉は、いつ死ぬか分からぬ中で、「きのうの発句は今日の辞世、きょうの発句は明日の辞世、われ生涯いいすてし句々、一句として辞世ならざるはなし」と大変な覚悟を持ち、今を真剣に生きたのです。

正に死に面したような状況下でずっと生き抜いてきたからこそ、世に優れた句を生み出すことができ芭蕉の名は永遠のものになったわけです。上記の「覚悟」というのは、「志」と言い換えても良いものだと思います。

常に死を覚悟し今を大切にして、一分一秒といった計数的時間を超越し、「如何に生く

郵 便 は が き

料金受取人払郵便

赤坂局承認

4917

差出有効期間
2020年6月
19日まで
切手を貼らずに
お出しください。

107-8790

東京都港区
赤坂1-9-13
三会堂ビル8F

111

株式会社 経済界 愛読者係行

| フリガナ | | 性別 | 男・女 |
|---|---|---|---|
| お名前 | | 年齢 | 歳 |
| ご住所 | | | |
| 電話 | | | |
| メールアドレス | | | |
| ご職業 | 1 会社員（業種 ） 2 自営業（業種 ）<br>3 公務員（職種 ） 4 学生（中・高・高専・大・専門・院）<br>5 主婦 6 その他（ ） | | |

本書をご購入いただきまして、誠にありがとうございます。

本ハガキで取得させていただきますお客様の個人情報は、厳重に取り扱います。
ご記入されたご住所、お名前、メールアドレスなどは、企画の参考、企画用アンケートの依頼、お商品情報の案内の目的にのみ使用するもので、他の目的では使用いたしません。

弊社および関連会社からご案内を送付することがあります。
不要の場合は、右の□に×をしてください。 不要 □

本書をお買い求めいただいた本のタイトル名

本書についての感想、ご意見などをお聞かせください

本書のなかで一番良かったところ、心に残ったひと言など

本書をお買い求めになった動機は何ですか？

書店で見て　2. 新聞広告を見て　3. 雑誌の紹介記事を読んで

知人にすすめられて　5. その他（　）

最近読んで良かった本・雑誌・記事などありましたら

今後、経済界に出してほしい本があれば教えてください

ご意見・ご感想を広告などの書籍のPRに使用してもよろしいですか？

実名で可　2 匿名で可　3 不可

ムページ　http://www.keizaikai.co.jp　ご協力ありがとうございました。

べきか」といった自己の内面的要求に基づいて毎日を生きるのです。その生き方こそ永遠の今に自己を安立させることであります。今ここに生きることが結果、ガンジーの言う「永遠に生きる」ことに繋がるのだと思います。

# 心というもの

（2018年3月2日）

## 見識を胆識にまで高めよ

臨済宗大本山円覚寺の横田南嶺管長は「心を鍛える5つの教え」として、①「外の世界のさまざまな物事に心を奪われるな」、②「外の世界のさまざまな物事に貪り拘るな」、③「常に自分のやっていることに心を集中させせよ」、④「心が心によって見るもの、聞くものの広さを持て」、⑤「勇猛果敢な志、気持ちという者を失うな」、ということを仰っています。此の①~③は特段の指摘を要さぬと思われるため、以下④と⑤につき私流の解釈を簡潔に述べておきます。

先ず「心が心によって見るもの、聞くものの広さを持て」とは、「様々な事柄を斟酌《しんしゃく》しながら相手の心を読んで行け」と言い換えられるのではないかと思います。心というものは視・聴・嗅・味・触の感覚、所謂五感である意味捉えられないものを捉え、物事を推し量って行くわけです。何ら表情に出さない相手が何を考えているかを捉えるに、それは相手の心の動きを見て行くしかないのです。

例えば曹洞宗開祖の道元禅師は、相手に気を利かせられない弟子には免許皆伝を与えず、それが出来る弟弟子の懐奘《えじょう》には先んじて伝授しました。兄弟子の義介《ぎかい》には、「老婆心」が足りないと言われたそうです。老婆心とは御節介ではなく、心配りのことです。昨年の流行語大賞の一つ、「忖度《そんたく》」ではありません。もっと深い意味があるのです。相手の顔を見ずして相手の悲しみを認識し、自分も同じ境地に入ってその悲しみと同レベルに達し、相手を如何にして慰めて行くかということではないでしょうか。

次に「勇猛果敢な志、気持ちという者を失うな」ですが、此の「志、気持ち」は「胆《たん》識《しき》」という言葉がより適当ではないかと思います。拙著『君子を目指せ小人になるな』（致知出版社）にも書いた通り、「知識」「見識」「胆識」の定義に関しては、夫々「物事を知っているという状況」「善悪の判断ができるようになった状態」「実行力を伴った見識のこと」であります。

志が高ければ高い程それを達成するため、より厳しく自分を律し、努力して行かねばなりません。上記した「勇猛果敢」の類とは少し違った勇気ある実行力を有した人でなければ、本当の意味で志を成し遂げることは出来ないのです。王陽明の『伝習録』の中に「知は行の始めなり。行は知の成るなり」という言葉がありますが、つまりは「見識を胆識にまで高めろ」ということではないでしょうか。

# 人間が変わる方法

（２０１７年12月5日）

## 先哲の教えを日々実践する

先日Twitterを見ていたところ、「人間が変わる方法は３つしかない。１番目は時間配分を変える。２番目は住む場所を変える。３番目はつきあう人を変える。この３つの要素でしか人間は変わらない。最も無意味なのは『決意を新たにする』ことだ」という大前研一BOTさん（@ohmaebot）のツイートがありました。

４年半程前、私は『人が変わる時』（２０１３年5月2日）と題したブログを書いたことがあります。人生には幾つかの大きな転機があって、その転機で人が変わり得る可能性は非常に高く、例えば男性の場合は結婚をし、妻子とりわけ自分の血を分けた子供を養って行くという責任が課された時、その中で変わろうと決意をする人が、私の経験上では多いように思います。「発心」「決心」「相続心」という言葉がありますが、その変化に対する決意は相続心にまでなって続いて行くケースが結構あるわけです。

あるいは、素晴らしい人との出会いというものが人を変えて行く切っ掛けになり得ます。自分より優れた人間を見た時にその人を敬する心を持つのと同時に自分がその人間より劣っていることを恥ずる心を持つということ、此の敬と恥が人を変える一つの原動力になると思っています。之については敬があるから恥があるというふうに言えるもので、人間誰しもが持っている一つの良心と言っても良いかもしれません。

他方で先に挙げた3つの方法、「時間配分を変える」「住む場所を変える」「つきあう人を変える」で、自分を変えることに繋がるか否かは私には分かりません。但し、率直に申し上げて「そう簡単に自分を変えられるのであれば、誰も苦労しないのでは？」という印象を持ちます。

2番目の「住む場所を変える」に関して言いますと、例えば夏目漱石の『草枕』の冒頭に次の有名な一節があります。「山路を登りながら、こう考えた。智に働けば角が立つ。情に棹《さお》させば流される。意地を通せば窮屈だ。とかくに人の世は住みにくい。住みにくさが高じると、安い所へ引き越したくなる。どこへ越しても住みにくいと悟った時、詩が生れて、画が出来る」。

之は漱石の一種の芸術論に繋がって行くのですが、どこに越しても同じだと彼は言っているわけです。私が思うに、人間が変わる上で此の3点に比してより本質となる要素は、時空を越え先哲の書に虚心坦懐に教えを乞うと共に、片一方で毎日の社会生活の中で事上磨錬し、その学びを実践して行くということです。先哲より学んだ事柄を日常生活で日々知行合一的に練って行く中で初めて、人間は段々と変わって行けるものであると思います。

拙著『安岡正篤ノート』（致知出版社）の第3章でも述べた通り、人生の辛苦艱難、喜怒哀楽、利害得失、栄枯盛衰、あらゆるものを嘗め尽くすように体験することで知行合一の境地に持って行くことが出来るのです。我々は、そのようにして日々修練し自己修養に勉めて行かねばなりません。

# 老子は年寄り向き？

（２０１７年12月11日）

## 円熟すると納得できる

『老子』第六十七章に、「我に三宝あり、持して而して之を保つ。一に曰く慈、二に曰く倹、三に曰く敢えて天下の先とならず。慈なり、故に能く勇。倹なり、故に能く広し。敢えて天下の先とならず、故に能く器の長と成る」という有名な一節があります。

之は、「我には常に心に持して努めている三つの宝がある。一に慈、二に倹、三に敢えて天下の先にならぬことである。真の勇とは慈愛の心より生じ、真に広く通ずるは節倹なるが故である。敢えて天下の先とならずして退を好む、故に万民百官あらゆるものを統べるに足る」ということです。

此の「三宝」の内、三番目の「敢えて天下の先とならず：人に先んじようとしない事」が最も老子らしいと言えるでしょう。一番目の「慈：慈しみの心」及び二番目の「倹：倹《つま》し暮らす事」は、古来からの一般的な道徳としてあることで、当たり前と言えば当たり前です。勿論、その道徳の中で何を大事にするかといった優先順位の付け方は老子の一つの考え方でしょうし、之が孔子になれば「仁・義・信」ということになるのだろうと思います。孔子と老子の違いについてもう少し触れておきましょう。

例えば、『論語』で孔子が「直きを以て怨みに報い、徳を以て徳に報ゆ」（憲問第十四の三十六）と述べている一方で、『老子』には「怨みに報ゆるに徳を以てす」（第六十三章）という言葉があります。「直き：公正公平」か「徳：恩徳」か何を以って怨みに報いるのかが、孔子と老子とでは全く違っているわけです。夫々の思想の違いは、沢山あって大変興味深いものがあります。

ちなみに、徳性高き蒋介石が「怨みに報ゆるに徳を以てす」とし、戦後日本人が戦地から安全に引き上げる上で非常に大きな働きをしてくれたことは、嘗てのブログ『人に対する姿勢』（２０１３年2月25日）の中で、拙著『人物をつくる―真の経営者に求められるもの』（ＰＨＰ研究所）より引用して御紹介した通りです。

此の一番老子らしいとした「敢えて天下の先とならず」につき、正義感に燃える若者や進取の気性に富む若い人にとっては、納得し難いのが普通ではないかと思います。之は、ある程度の年配になり自分が「楽天知命：天を楽しみ命を知る、故に憂えず」『易経』の境地になって初めて言えることではないでしょうか。

　年を取り円熟すると老子が好きになるという人も結構いますが、年を取りある意味余り角がなくなってくると老子の思想の方が受け入れ易くなるのかもしれません。例えば、安岡正篤先生なども恐らく少し年を召されてからの方が、孔孟（孔子と孟子）思想というよりも老荘（老子と荘子）思想に対する興味関心をより強く抱き、惹かれるようになられたのではないかと思います。

「韓非の政治哲学の根本にあるのは『黄老』である」とは司馬遷の言ですが、此の黄老（黄帝と老子）とは『老子』の主張した政治哲学を言います。それは、生一本《きいっぽん》のような世界でなく、正に「古いものほど風味がなれてよくなる」老酒《ラオチュー》の如き枯れた境地にある人が「あぁ、なるほど……」と思う味わい深きことです。私なども、これから段々と円熟味（？）を増してくるにつれ、「なるほどなぁ～」と老子の言に思うことが更に増えてくるような気がします。

# 意気を新たにする

（２０１７年12月26日）

## 活気の中に自らを置く

いよいよ、後６日足らずで今年も終わりになります。年初に「あれをやろう」「これをしよう」と色々と思いながら、振り返ってみると出来ていないことが多々あります。新年、意気を新たにして詰め残しの事柄、新たな事柄に精力的に取り組みたいと思います。

此の新年の「新」の字は３つの漢字、「辛」「木」「斤（斧）」が集まったような文字です。要するに辛抱して木を斧で削り、有用なものを創り出して行くというところに原義があります。

故に「新年」とは辛抱し苦労して、今迄に無かった新しいもの、そして世に有用なものを創り出す年にするという意味になるわけです。新年を前にして漢字の本当の意味を噛み締めながら、自分の為すべきことを考えることも大事でしょう。

そして上記した「意気を新たにする」とは、ある意味非常に大事だと思っています。国語辞書を見ますと、意気とは「事をやりとげようとする積極的な気持ち。気概。いきごみ」等と書かれています。

年末に掛けては、よく家の掃除をしたり片付けものをしたりするわけですが、一番やらねばならないのは実は自分自身の掃除、即ち言い方を換えれば此の意気を新たにすることなのです。

ぴちぴちとした活気の中に自らを置くということで、新しい年を迎えるに当たり是非とも私自身もやろうと思っていますし、同意される方は是非意気を新たにされてみてはどうでしょうか。

# 人望とは

（2017年9月5日）

## 徳の高低の問題

『学問のすゝめ』十七編「人望論」の中で福澤諭吉は、「人望はもとより力量によりて得《う》べきものにあらず、また身代の富豪なるのみによりて得べきものにもあらず、ただその人の活発なる才智の働きと正直なる本心の徳義とをもってしだいに積んで得べきものなり。人望は智徳に属すること当然の道理にして、必ず然るべきはずなれども、天下古今の事実においてあるいはその反対を見ること少なからず」云々と述べています。

人望という字は、人に望まれると書きます。つまり、ある面で人から頼りにされるということです。それは例えば、窮地に陥った時あの人ならどう考えるかと是非聞いてみたいとか、問題が起こったからあの人に一遍相談したいとか直ぐに助けを求めようとか、といった具合に一種の頼り甲斐がそこにあります。

そして頼り甲斐のある人であっても、あの人は真摯に自分の悩みに答えてくれないのではないかとか、此の困難な状況下でもあの人なら真摯に尽くしてくれるだろう、といった具合にそうした姿勢の有無も人望が有るか無いかに関わっていると思います。

平たく言えば此の類が人望、または人望のあらわれということになるでしょう。では如何にして人望を得て行くかと言うと、それはその人が「人物」か否かに関わります。即ち換言すれば、その人が他人の苦しみを自分の苦しみのように、あるいは他の出来事を自分の出来事のように捉え得る姿勢を持っているかどうかに拠ります。

例えば『国富論』で有名なアダム・スミスは『道徳感情論』で、「人間は他人の感情や行為に関心をもち、それに同感する能力をもつという仮説から出発している」わけですが、此の「共感（sympathy）」の気持ちは当該姿勢に通ずるものでしょう。そしてそれは恐らく自分自身が様々な艱難辛苦《かんなんしんく》を経験し、ある程度修養して行く中で養成されるものだと思います。

人望の源は、言うまでもなく人徳です。人望とは究極の所、徳の高低の問題です。世のため人のための修養をしなければ、私利私欲に塗《まみ》れ人間的魅力もなく人望は得られません。我々は自分の世界だけに閉じ籠るのでなく、人の喜怒哀楽をシェアし人の気持ちになって考え感ずるよう努めて行かねばなりません。

# 最善の人生態度

（２０１７年10月13日）

## ポジティブに物事を考える

経営者の立場から言うと私は社内外の企業に投資や出資の判断をする時、仮に失敗したとして最大限のリスクはどの程度なのかを先ず見ます。次に我々の現況から考えてその程度であれば十分affordable（許容可能）となった場合、上手く行ったらどの程度のリターンが見込み得るかを見、そしてリスクとリターンを算盤勘定に掛けて判断を下します。

何かを判断する時に、「失敗したらどうしよう……」といった具合にああだこうだと悪い方ばかりに考える人もいますが、私の場合は基本、最大限のリスクの程度等を常に頭に入れながら“be positive”であるべきだと思っています。ポジティブに物事を考えるということは、何事によらず物凄く大事だと思います。

仮に何らかの困難に直面したならば唯々悲観的な見方をするのでなく、先ずはどこが問題でそうした結果が生まれているかを自分自身で深く反省し、場合によっては関係者等に単刀直入にフランクに話をして何が問題だったかを突き止めるべきでしょう。そういうことをきちっとした後、その反省の上に立って次なる生き方・やり方を見出して、成功に導くよう自分の行動を如何に律して行くか、とする姿勢が一つ重要になります。

私自身、上記の通り反省もしますし失敗の理由も考えますが、他方、そもそも物事というのは殆どが上手く行かないものだと思っています。それ故、失敗という結果に対し、ぐたぐたと悩みません。何もかも全てが自分の思い通りに行くのであれば、誰も苦労しないわけです。

だからこそ私は、常時「策に三策あるべし」としてA案が駄目ならB案、B案が駄目ならC案といった具合に、最初から少なくとも三つ位は用意しておくことが大事だと思っています。失敗を余りネガティブに捉えずに失敗するのが当たり前と捉えていた方が、直ぐに頭を切り替えられ次の動きにすっと移れるといったメリットも出てきましょう。

それから最後に、私はあらゆる判断に当たってこれ迄ずっと、最終的には「任天・任運」という考え方をしてきました。之は「天に任せる」「運に任せる」ということで、人生を良き方に向かわせるべく大切な考え方だと思います。

たとえ何か上手く行かないことがあったとしても、「これは天が判断したことだから、くよくよする必要なし」と受け止めるのです。「失敗でなく、こうなった方が寧《むし》ろベターなんだ」「将来の成功を目指しその失敗を教訓にしなさい、という天の采配かもしれない」とかと考えれば良いのです。

こうして天にその全責任をある意味押し付けて生きたらば、気がぐっと楽になり余計なストレスを溜めずして常に前向きでいられます。如何なる結果もその方が良かったとして全ての事柄を捉えると、次に向けてよりポジティブに考え易くなるでしょう。

# 人生は短距離競争

（2018年8月14日）

## 「今ここに生きる」意識で

明治の知の巨人・森信三先生いわく、「人生は唯一回かぎりの長距離マラソンである。随って途中でくたばったら駄目。そして『死』が決勝点ゆえ、『死』が見えだしたら、そこからイヨイヨひた走りに突っ走らねばならぬ」とのことであります。

また先生は、「我々人間は、各自が人生の決勝点に達するまでは『一日一日を真に充実して生きねばならぬ』のです。つまりマラソン競争だと、常に全力で走り抜くことであり、そのためには、現在自分は決勝点まで一体どれ程手前の処を走っているのかを、常に心の中に忘れないことが大切なのです」とも述べておられます。

人生というものについて森先生は他にも色々な言い方をされていますが、マラソンということでは次の言葉も残されています。「人生は、ただ一回のマラソン競走みたいなものです。勝敗の決は一生にただ一回人生の終わりにあるだけです。しかしマラソン競走と考えている間は、まだ心にゆるみが出ます。人生が、五十メートルの短距離競争だと分かってくると、人間も凄味が加わってくるんですが」。

此の言に対しては様々な解釈があろうかと思いますが、要するに『今ここに生きる』（２０１８年3月13日）姿勢を常に持つということでしょう。人間いつ死ぬか分からないわけですから、逆に言えば「いつ死んでもいいんだ」という位の気持ちで生きれば、マラソンなどと悠長なことは言っていられないのです。

人間は、死すべきものとして此の世に生まれてきます。平均寿命も延びた現代、年老いて尚体力も充実している人は数多います。しかし精々人生の賞味期限はと言うと、多分35～40年程でそれ程長くありません。此の僅かな間にどうしてもやり遂げねばならない天命があるわけで、そうでなければ棺桶に入る時やり残したといった気持ちが出てくるのではと思います。

人間みな生まれた時から棺桶に向かって走っており、そして人生は二度ないのです。正に此の一時一時を大切にし、寸暇を惜しんで行かなければなりません。凡そ此の世にあるもの全ては何時の日か必ず朽ち行き儚いがゆえに、時間を大切にするということが非常に大事になるのです。

此の通り、人間は必ず死すべきものであり、また、いつ死ぬかは分からぬ存在である以上、今ここに生きることを大事にし、日々真剣勝負の中で自分を鍛えて行くしかないでしょう。松尾芭蕉の言うように、「われ生涯いいすてし句々、一句として辞世ならざるはなし」という位の覚悟を持ち、今を兎に角真剣に生きたら、人間も凄味というものが加わってくるのではないでしょうか。

# 記憶力と創造力

（２０１７年11月27日）

## まず夢を持つこと

アルベルト・アインシュタインの言葉に、「調べられるものを、いちいち覚えておく必要などない」というのがありますが、私もこのような考え方をしています。

人間の脳のキャパシティから考えて、何もかも全てを記憶に留めておくのは不可能です。非常に高い記憶力を持つ人がいる一方で、それとは真逆の人もいて、人によりその能力は様々です。しかしながら、そこに限りがあるという点に違いはありません。

従って、何もかもを覚えようとするのでなく、「覚えておくもの、覚えておく必要のないもの」を峻別し、更には「今覚えておくことが暫くの間は必要だ」とか、「長期で必要だと思えるもの、長期では別に必要ないと思えるもの」といった形で記憶した方が良いと思います。

小学校から中学校そして高校に進学する時に、勉強した内容のうちその後の日常生活と関係ないものの多くは、忘れるという人が殆どだと思いますが、忘れたからと言ってその後生きて行く上で、何ら困ることはなかったでしょう。

最早、従来のように人間に暗記力・記憶力というものは必要とされていないのではないでしょうか。何でも彼でも正確に覚えねばならないのではなくて、過去の色々な事柄の蓄積から人間社会が繰り返す傾向といった類を認識し、朧《おぼろ》げながら直感力が働いて行き正しい判断がつけば良いのではないでしょうか。

何より大事なことはやはり、より創造性豊かにものを考えることだと思います。勿論、過去の知識や経験等をベースにしながら新しいものが出てくる場合も多いのですが、私は夢が先にあり、その夢を達成して行く中で革新的な創造が起こるものと思っています。

例えば、「私も空を飛んでみたい」と夢を持ち、鳥が羽を一生懸命バタバタさせているのを見ては、羽を動かすようにしたら良いのではと考えて、バタバタ動くものを作ってみるわけです。

そしてその後、空気抵抗を上手く利用したら良いのでは等々と考え抜き改良に改良を重ねて行く中で、段々と飛行機の形態が定まって行ったのでしょうし、そこに技術が生まれてきたのだろうと思います。

嘗て私は、「知を致すは物に格《いた》るにあり：良知を極めようとするならば先ず事物の理をきわめなければならない」と中国古典の『大学』の有名な言葉をツイートしたことがありますが、経験法則的にも様々に理を極めて行きますと、正に此の「格物致知《かくぶつちち》」の世界というのが出来てくるのだと思います。

# テレビの役割

（2018年3月30日）

## 物事を正しく伝えるために

日経新聞のインタビュー記事（ロシア国営テレビ編集長「客観的報道は存在しない」2018年2月22日）で当該編集長は欧米の主要メディアに対し、「ウソを広げている」とか「画一的な論調を流している」あるいは「情報機関の広報になっている」と批判していました。

昨今フェイクニュースということが盛んに叫ばれるようなったわけですが、その信憑性に疑義あるものが随分と出回ってきているように感じます。嘗てより遥かにフェイクニュースは伝搬し、人に誤解を持たせたり虚偽を真実と思わせたりするような事象が、非常に増えている世の中になってしまいました。

取り分けインターネットで得られる簡単な情報で、所謂フェイクニュースが平気で流れています。しかし、その発信源に対する責任追及は実効性がないものであります。今日の情報洪水下、真面なニュース・論説・見解といった類を如何に峻別して行くかが課題となっており、誰しもその選択で大変苦慮している部分があるのではないかと思います。

他方、5日前にも「ネット事業者の放送参入へ規制緩和検討 放送法4条見直し焦点に」(@nhk_news) をリツイートしておきましたが、日本のテレビ放送開始から65年を経て今、多岐に亘る大胆な改革が望まれているということでしょう。

テレビ局は大衆をして「一億総白痴化」への道を歩ませるのでなく、劣化の一途を辿る番組の質を改善し、馬鹿の一つ覚えのように各局が同じニュースばかりを司会者だけを代えて放送する画一的な報道状況等を見直す中で、国民をより知的に高いレベルに誘導して行くよう改めるべきだと思います。

メディアの最重要の仕事は、物事を正しく伝えるということです。その為には、それなりの良識・見識を有した人にコメントをさせねばなりません。しかし現況を見るに、それらの欠片《かけら》も無いような人間が多数番組のコメンテーターを務めており、その言に驚き呆れ果てることが多々あります。

彼等は物をコメントするに物知り顔に語っているけれども、それは聞くに堪えずwaste

of time（時間の無駄）も良いところです。局として彼等をコメンテーターとして引っ張り出してくること自体、先ず信じ難いのです。私は、コメンテーター足る良識・見識を十分備えていないと思われる人が出ている場合、チャネルを変えるか直ぐにテレビを消しています。

コメントの在り方としては同一方向のものばかりでなく、「なるほどなぁ」と思わせる切り口で多様なオピニオンが展開されるべきでしょう。例えば今回の「森友文書問題」でも反現政権一色の報道姿勢ということではなく、違ったオピニオンの追及も為されるべきではと思うのです。

それで言うと政党間の討論は割合対立的ですから、それはそれで一つ互いの主張を強調する意味では良いのではないかと思います。何れにしても、多かれ少なかれある程度の教養や知識を持った方々が、様々な物の見方・考え方を紹介するというテレビとして非常に重要な役割の一つが、現況果たされていないというのが多数の人の認識ではないでしょうか。

このような状況が続けば、今後益々テレビの視聴時間は、インターネットに置き換わって行くことでしょう。ネットであれば特定の人をフォローすることで、ブログでも動画でも何でもその人のオピニオンが聞けます。そしてまた嫌であれば単にオミットしたら良いのです。一方、所謂地上波と称されるものは余りに画一的かつ御粗末な番組が多いですから、下らない番組だと思いながら、正にkill-time（暇つぶし）で見ることになるわけです。

私自身はと言うと、最近はニュースや科学的な番組の一部を除き基本的にテレビを見ませんが、テレビガイドを見てＮＨＫの幾つかの番組やＢＳで質の高そうな番組がありそうであれば、録画をして時間のある時に見るようにしています。

# 第4章

# 日本政治の本質を捉える

# 野党の仕事とは

（２０１８年５月８日）

## 野党は代替案を提示せよ

２０１６年３月に結成された民主・維新の合流新党「民進党」は約１年半で瓦解・分裂し、それから半年超で国民党（旧希望の党）を吸収し国民民主党となりました。いま民進党や国民党の主張は一体何であったか、国民に何を訴えたかったのかと考えますと、此の２年以上を振り返ってみても、私には全く思いつきません。結党以来これらの党には主張が無く、存在価値が無かったということでしょう。

これまで当ブログで幾度も指摘したように、中国古典流に言うと政治というのは三つの要素「政道・政略・政策」に分かれます。その一つ、政道とは正に政治の根本中の根本であり思想・哲学に当たる部分です。此の政道の違いをある意味象徴しているのが政党の違いであります。野党の皆さん方は党の存在とは如何なるものかと、今一度振り返って考えてみる必要があるのではないでしょうか。

国会活動を通じても、彼らは明けても暮れても「モリカケ批判」ばかりでした。勿論、何も追及するなとは言いませんが、マスコミの公表を基に国会での大切な時間を国会議員が浪費し続けるのは可笑しいと言わざるを得ません。野党議員は本来の重要事項の審議に集中し、当該問題は司直の手に委ね司法当局が究明すれば良い話ではないかと思います。

本日より漸《ようや》く19日ぶりに国会審議が正常化するようですが、此の間国会に出席もせず何もしなかった野党議員にも我々の血税が充てられています。ある記事に拠れば「国会を欠席しても、約２１００万円の歳費と１２００万円の文書通信交通滞在費は満額で支払われる。ならば、せめて自主返納するという声がなぜ野党から起きないのか、という議論も起きている」ようです。

一昨日、英国の野党研究センター共同創業者のナイジェル・フレッチャー氏によるインタビュー記事が日経新聞に載っていました。曰く、野党の仕事とは「一つは与党の政策を厳しく監視すること、もう一つは潜在的な次期政権として国民に代替案を示すことだ。（中略）最も重要なのは人々を結束するアイデアや理念を示すことだ。これがしっかりしていなければいかなる政権批判も重みを持たない」とのことであります。

現政権批判を強めるのであれば、野党各党は「代替案を提示せよ」。正に此の一言に尽きるでしょう。今後日本はどうやって此の少子高齢化の世界を生き抜いて行くべきか、これから我国の憲法・防衛・外交はどうしていくべきか等々、国政政党たる本来的課題に対し野党は国民に建設的な政策を示さねばならないのです。

野党の皆さん方には悪いけれども、国会でモリカケ批判の類ばかりをやり続けることを、国民は良しとしていないと思います。事実、各種世論調査が示す通り「安倍内閣の支持率が低迷しているにもかかわらず、野党の支持率が上がる気配は見られない。野党への期待値はゼロに等しいということ」でしょう。

仮に国民の間でモリカケ追及に対する期待だけが際立って高まっているよう思わせているのだとしたら、何時も正しいとは限らない世論形成に大きな力を持つマスコミも大罪だと私は思います。寧ろマスコミは、国会がモリカケ一色であることを問題視し、日本の将来を左右する沢山のアジェンダが置き去りにされ続けている現況を憂い、野党各党を厳しく批判すべきです。

## 日本政治の生産性

（2018年7月5日）

### 国家経営の観点で、国会改革を

松下幸之助さんの御著書『道をひらく』三部作の完結編、『思うまま』の中に「政治の生産性」という一編があります。曰く、「経済界において、経営の合理化など生産性の向上が叫ばれているように、政治の各面においても、仕事の合理化、適正化、すなわち政治の生産性を高める必要があると思う」とのことです。之は、御著書等に幾つも残されている松下さんの慧眼を示す言葉の一つだと思います。

「延長国会会期末まで3週間を切り、政府・与党は成立を目指す法案の絞り込み作業に入った。（中略）学校法人『加計学園』を巡る問題が響き、法案審議は滞っている。加計問題がビジネスを直撃する構図が浮かぶ」――一昨日の日経新聞記事、「規制凍結・洋上風力法案　今国会の成立困難に」の冒頭の記述です。

今国会を通じても野党は「モリカケ批判」の類ばかりをやり続け、日本の将来を左右する本来的課題は、全て後回し或いは殆ど議論されぬままでした。そして政権与党が痺れを切らしても、彼らは代替案なく反対し、反対のための反対をするだけの醜態を晒すのみでありました。2ヶ月前のブログ『野党の仕事とは』（2018年5月8日）でも指摘した通り、代替案なき野党の政権批判は全く重みを持ちません。

誰の目から見ても日本政治の生産性は、ひどい状況であると言わざるを得ないでしょう。そういう中で小泉純一郎元首相の御子息らが「『平成のうちに』衆議院改革実現会議」を立ち上げて、それも野党勢力の一部を含めて動き出したのは非常に喜ばしいことだと思います。

「政治の生産性の向上は、それがほんの小さな範囲の工夫であったとしても、国民全体に非常に大きな影響を及ぼすことが多い。これまた一企業、あるいは一業界の比ではないと思う。そういう意味から政治の生産性という問題も、大いに検討し、実際に国家国民の繁栄なり幸福をより高めていくよう心がけることが肝要だと思う」――松下さんは、このように述べておられます。

しかし此の超党派の国会改革議連を巡っては、野党第一党である立憲民主党の枝野幸男代表が批判し、同党所属議員の不参加を徹底しているようです。日本政治の生産性無きに等しき状況に対する彼の危機意識は、余りにも御粗末で大変残念です。「経営者がいかに努力しても、政治が悪ければ、すべて水泡に帰してしまう」とは、松下さんが言われる迄もありません。生産性も含め様々な事柄を正に民間企業の経営と同じような国家経営という観点で、我々は今一度国会改革を練り直すタイミングにきているのではないかと思います。

# 民進党分裂とは何だったのか

（２０１８年２月８日）

**野党の弱体化と与党の強化**

２年前の３月、民主党より改称し結成された民進党は先の衆院選を巡り分裂し、引退・不出馬を除く同党出身者81人は、希望の党、立憲民主党、無所属からそれぞれ立候補しました。そして立憲が比例復活も含めて全員当選を果たす一方、希望は閣僚経験者ら幹部クラスが相次ぎ落選するという結果になりました。

それから後、例えば最近でも「民進・希望の統一会派合意が白紙　通常国会は別々で」（２０１８年１月17日）とか、「希望、正式に分党　松沢成文氏が５人のリスト提出」（２０１８年２月７日）という記事の通り、今日に至っても未だ混乱続きの状況です。

結局あの分裂が一体何であったかと総括するなら、野党の更なる弱体化および与党とりわけ自民党の一層の強化に繋がったというだけのことではないでしょうか。基本的に強い・弱いとは相対的なものですから、片一方が全く御話にならなければ片一方が際立って強く見えるのは当たり前です。

政治というのは中国古典流に言えば、三つの要素に分かれます。一つは政治の政に道と書く「政道」というもので、之は正に政治の根本中の根本であり、その国の君主なり皇帝なりが行う政治の哲学思想に関わる最も根本的な部分です。

そして政道の次は「政略」というもので、その政道を踏まえ活用しながら如何に具現化・具体化して行くかを政略と言います。之は事務を要する仕事に繋がるわけで、昔から事務をする主体が官僚であり、彼等により行われるのが「政策」というものです。

これからも野党はまた烏合集散して行くのだと思いますが、一番大事なことは近視眼的な党利党略で物事を決めて行くのを先ずは止め、正に政道・政略を踏まえた政治を実現して行くことであります。百年の計と迄は行かずとも、今後30～40年を見、此の国の正しい政治の在り方を先ずは作り上げるのです。

そしてそれに基づいて政策を決めて行かねばならないわけで、筋の通らぬ思い付きの訳の分からぬ政策を幾ら示したところで、国民の大多数は今後も野党を相手にしないのではないでしょうか。

# 世襲議員の是非を論ず

（２０１８年８月23日）

## 人望や能力・手腕がなければ

来月20日に投開票される自民党総裁選を巡っては、様々な観点から色々な指摘が行われています。直近では、世襲という切り口での論も見られました。それは例えば「総裁選で一騎打ち！安倍首相と石破氏を徹底比較　同じ世襲も『陽』と『陰』」（２０１８年８月20日）あるいは「総裁候補も派閥会長も皆世襲の異様」（２０１８年８月15日）といった記事を指します。６年前に争われた自民総裁選も５候補全てが、世襲政治家でありました。

また、此の15年程度の間に同党が輩出した内閣総理大臣を見ても、小泉純一郎さんは三代目、福田康夫さんは父親の赳夫さんが総理になりましたし、麻生太郎さんは祖父が吉田茂さんです。そして、現総理の安倍晋三さんは通産・外務・農林の各大臣や自民党の要職を歴任した晋太郎さんから始まって二代目で、元総理の岸信介さんも親戚関係になります。

更に、昨年10月の衆院選の小選挙区当選者のうち、自民党は世襲議員が33％（２１８人中72人）を占め、立憲民主党の10％（20人中２人）などを大きく上回ったわけですが、こうした類の現況を如何に捉えるべきでしょうか。

先ず実際問題として、現在も選挙で勝つ為には昔から言われているような「ジバン、カンバン、カバン」が必要であって、選挙には多額のお金が掛かり、様々な良い意見・政策を持っていても直ぐには受け入れられないといった現実が常にあります。連綿と続く既存の仕組みを抜本的に変革し得る良策が見当たらない以上、親の七光りが効き易い政治の世界で固定化した世襲は、残念ながら今後も中々変わって行かないと思います。

世襲というのは、政界や財界に限らず色々な領域で往々にして見られます。例えば、医師の世界も世襲比率が非常に高いのですが、その利点を挙げようとして挙げられなくはありません。そもそも、医師である父の姿を毎日見ていたら、その子が「自分もそうなりたい」と思っても不思議ではないでしょう。之は、政治家である父の姿を毎日見ていたら、ということも然りです。また、医学部に入り医者になる事や連続当選を重ね行く事は極めて難しく、ある意味大変なリスクを掛けてそこに臨んでいるわけでしょう。

孟子が「天授け、人与う」と言っているように、その国を先導して行く代議士というのは、それなりの能力・手腕・人格を有していなければなりません。「天授け」とは、人物の出自を言い、之は天が定めたもうた宿命であります。「人与う」とは、そこに徳や人間的魅力で人物を集め、同時に能力や手腕で国を引っ張って行けるといったことです。単に「ジバン、カンバン、カバン」を引き継ぎ国会議員になれたとしても、人望や能力・手腕がなければ総スカンを食らい早晩国民に見放されます。ですから私は、政治の世界での世襲という難題は必要悪と迄行かず、必ずしも否定するものでもないと思っています。

# 第5章

# 折々に惟うこと

# 嵐山学園開設10周年を迎えて

（２０１７年12月29日）

## 未来を担う子供達のために

私が、社会福祉法人慈徳院「こどもの心のケアハウス嵐山学園」を開設して10年が経過致しました。此の嵐山学園は、いわゆる情短施設（情緒障害児短期治療施設）として設立されました。当時、日本に此の種のものは未だ30施設程度しかありませんでした。私は、虐待を受け心を病んだ子供達の治療に専門的に携わることが出来る精神科医の先生、看護師さんといったスタッフ等も含めた形で設立しようと心に決め、２００７年12月１日に開設の運びとなったものです。

なぜ私がそう決心したかと言うと、それは言うまでもなく理不尽な虐待を受けた子供達を何とかしたいからであり、そしてまた、子供がある意味社会で最も恵まれていない社会的弱者であるからです。本来子供達に無償の愛を与えるべき親が、我が子を虐待するという状況は余りにも痛ましく、未来を担う子供達には我が国の国民としての誇りを持ち、世界の国々あるいは人々と融和して益々この世を良くして行くということを背負って生きて行ってもらいたいと思ったからです。

「社会貢献コストは戦略的投資である」とはマイケル・Ｅ・ポーター氏（ハーバード大学教授）の言葉ですが、私どもＳＢＩグループは本業を通じ社会に貢献するだけでなしに、より直接的な社会貢献活動に取り組むべく15年前、児童福祉施設等への寄付を行うことを決定し全国の施設への寄付活動を実施して参りました。そして12年前、今日の「公益財団法人ＳＢＩ子ども希望財団」の前身となる「財団法人ＳＢＩ子ども希望財団」を設立したわけです。ＳＢＩ子ども希望財団では、次の４つの柱を軸として一貫した取組を行っています。

第一に、いわゆる児童養護施設を中心に寄付をすること。第二に、その施設に従事している人達に対する研修活動に様々な形で貢献すること。第三に、様々な自立支援活動に対して援助すること。第四に、「オレンジリボン・キャンペーン」の趣旨に賛同し虐待を防ぐべく社内外への普及・啓発活動に参画すること。私どもはこのような４つの柱を軸に、支援活動に当たっています。

こうしたSBI子ども希望財団の取組とは違い、こどもの心のケアハウス嵐山学園を通じては、どのような子供達がどんな虐待を受け育って来たか、彼等が如何なる形で心理的影響を受けたり精神的な病に侵されたりしているか、彼等にどういう治療や育て方を施すことで普通の状態にして行くか、等々の虐待に纏《まつ》わる実態を私自身がより直接的に知ることで初めて、本当の意味でSBI子ども希望財団の活動も出来ると思い、私の個人的な寄付で当該施設を埼玉県嵐山町に建てたのです。

そして10年の月日を経、此の嵐山学園の活動が社会でそれなりに認められて、11月に「平成29年度埼玉県社会福祉事業特別功労者代表受賞者」として表彰状を授与されたのに続き、12月には天皇陛下より埼玉県の「平成29年度優良民間社会福祉事業施設・団体に対する天皇誕生日に際しての御下賜金」を頂くという栄に浴することが出来ました。嵐山学園関係者一同大変な喜びと共に、これも偏に関係者の皆様の御支援の賜物と感謝致しております。

現在この嵐山学園は、上記した情緒障害児短期治療施設から現在名称が変更となり児童心理治療施設として、精神的障害を受けた子供達に対し、より専門的に色々な療治を行い、彼等の心が受けた衝撃を和らげるべく日々努力しています。私は今、当該施設の来し方10

年を振り返り、その行く末に思いを馳せ、今後如何なる形での発展を目指して行くか、その在り方に思い巡らせているところです。

**虐待の連鎖を断ち切る**

今後の課題として一つは、未だ治療が要せられる子供達の心が完全に安定するまで施設に置いてあげられるようにすること、及び一応の治療が済んで退園して行く子供達についても、後のフォローアップを何らかの形で行うことが挙げられます。そもそも入園してくる子供そして入園させねばならない子供が沢山いる中で、残念ながら中学校3年間を終え高校に進学するといった節目で退園させざるを得ないという現況もあります。

次に、非常に重要な問題だと認識しているのが、親自体が虐待されていた経験を有していると、その親の子供も親から同じように虐待を受けるという悪循環です。此の「虐待の連鎖」にも心を痛めており、何とか悪循環を断ち切る方法は無いものかと思い続けています。

それからもう一つ、施設の子供達の凡そ9割は実の父母あるいは継父母から様々な虐待を受けており、その子供達がまた元の場所に戻らざるを得ないとなれば痛ましい過去と同じような状況が繰り返されてしまうというケースが結構あります。自分の子を一度でも虐待した親に対して、どういう指導なりサポートをして行けば再び不幸が齎されることがなくなるのか、之も解決すべき重要な課題の一つです。

児童虐待防止については国、地方自治体、民間団体等が色々な取組を進めていますが、思い虚しく子供の虐待問題は増加の一途を辿っています。そういう意味で嵐山学園の現在の入所定員50名というのも、その拡張の必要性を考えるに至っています。このように課題は数多見受けられますが、何れにせよ一遍に出来るものではありません。児童虐待問題は様々な理由が複合的に絡み合う中で生じている深刻かつ難解なものであり、次なる10年も時々の課題を一つ一つ適切に処理して行きたいと思います。

# 子供のスマホ中毒に思う

（２０１８年１月26日）

## 子供は子供らしく

先週金曜日、アップルのティム・クックＣＥＯは英国エセックス大学での講演で、「私は技術の過度な使用を信じていない。常に（技術を）使うことが成功をもたらすと考える人間ではない」とか、「甥にはソーシャルネットワークを使ってほしくない」と発言されたと報じられています。

今年に入っては９日に「子供の『iPhone 中毒』対策を　米投資家がアップルに要求」という記事もありましたが、私も５日前「子供にスマホ、いつ買い与える？ #iPhone が生活習慣を一変させてから10年、いつ子どもにスマホを買い与えるかは親が判断しなければならない最重要課題の一つに」とリツイートしておきました。今日、子供のスマホ中毒は一部社会で問題化しているようです。

之に関してマイクロソフト創業者のビル・ゲイツ氏やアップル創業者のスティーブ・ジョブズ氏、あるいはツイッター共同創業者のエバン・ウィリアムズ氏等々「テック業界の巨人」と称される人達が、自身の家庭内でルールを設け「我が子のテクノロジー使用を厳しく制限」していたのはよく知られた話です。

また、衆議院議員の小泉進次郎さんをゲストに御迎えし昨年11月BSフジにて放送されたSBI GROUP PRESENTS『安藤忠雄の対論　～この国の行く末～』第4弾では、安藤さんが「子供の時に子供する」という議論をされていました。それに対して小泉さんは直ぐ様、「いい言葉だなぁ～。今その言葉頂きました」と応じられていましたが、上記問題においても正にそういうことだと思います。

子供は子供らしく大いに遊べば良いのですが、過度にテクノロジーに触れるといったことではいけません。体力作りや運動能力の発達、あるいは将来の習性獲得の為にも、やはり伸び盛りの子供にはそれなりの運動が必要でしょう。自然と触れ合い自然の中で思いっ切り走り回るとか色々な発見をして行くといったことも外遊びの中にあり、私はそれが非常に大事ではないかと思うのです。

「子供の時に子供する」ということでもっと言えば、小学校から子供を塾に行かせるような親が沢山いますが、小学校で勉強が出来たかどうかは、子供の人生において大した問題ではありません。私の経験では、小学校の秀才が大学時代も秀才であった例は少ないような気がします。

大体伸びる人間は中学を超えた位から段々と伸びてきますので、小学生の段階で親がガタガタ言う必要はないでしょう。安藤さんも言われていた通り子供の時に何より大切なのは、塾で必死になって勉強するとか家の中でスマホに熱中するとかでなく、子供が自由に「大きな声を張り上げて、走り回って、絵本を読んで」強い好奇心を育んで行くことだと思います。

# 日本の大学生に思う

（2018年4月11日）

## 物の見方を育てる教育へ

心理学者の榎本博明氏に拠ると、最近の大学生には「『内向的』『情緒不安定』『引っ込み思案』などの言葉が通じなくなってきている」ようで、「多くの大学教員が、学生に対して心理検査やアンケート調査ができなくなってきたというが、それは質問項目の意味がわからないという学生が増えてきたからといわれている」とのことです。

日本の大学というのは入学時点で勉強を終えたと考える学生が非常に多く、アルバイトや遊ぶ為に大学に入っているといった状況です。大学本来の姿とは言うまでもなく、学生の本分は学業に徹し、勉学を通じ学生諸君が互いに切磋琢磨しながら知性を磨き合い、その中でまた人間力も併せて磨くことにあると思います。

ＳＢＩグループの新卒採用では私が全て最終面接を行っていますが、「大学に入って何をし、何を学んだか」と聞くと、その殆どがアルバイトとサークルの話です。「学業中に○○を身に付けました」と発言する人は全くと言って良い程おらず、「一体何の為に大学へ入ったのかなぁ」と思うような低レベルな学生が大変多く見受けられます。スポーツで言っても、体育会に入り本格的に鍛えたということであれば、それはそれでそれなりに人格と体力の錬磨にプラスになる部分も多々あると思います。しかし、テニス等の社交的倶楽部の類に入り、そして暇があれば雀荘に通い詰め、どれだけ稼いだ・儲けたと浮かれているようでは御話になりません。

大学とは最高学府（最も程度の高い学問を学ぶ学校）であるとの認識の下、夫々の分野で専門知識を身に付けると共に、一般的な教養を深め大いに読書を様々しながら知を磨いて行かねばなりません。明治の知の巨人・安岡正篤先生が言われる長期的・多面的・根本的に物事を見るといった物の見方・考え方を養い視野を広げるのが、正に大学という場でありましょう。

大学の授業料だけでなく、生活費や小遣いまでも親から貰っている学生が、何故アルバイトをしなければならないのでしょうか。アルバイトで遊ぶ金を作るなどして遊び、勉学に費やすべき時間が奪われてしまっているのです。此の類の学生は論外としても、学費を稼ぐ為にどうしてもアルバイトをやらねばならない、といった学生も勿論いるでしょう。しかし、そうした場合も私であれば「奨学金を幾つか取ったら間に合うのではないか」とか、「特待生になるべく死に物狂いで勉強すれば良いのではないか」と思います。大学を出たら幾らでも働けますから、私自身は学生時代のアルバイトに価値を見出さず、唯の一度もアルバイトをしませんでした。

最近の大学生は、何ゆえ本分である学業に精一杯励まないのでしょうか。彼等がそうなる理由の一つとして、日本の小中高を通じての所謂「暗記教育」、暗記とテクニックで高得点を稼ぎ得る英国社数理中心のペーパー試験偏重体制が挙げられると思います。

要するに現代の教育システム下、記憶力だけが能力を図る唯一の尺度であるかの如き詰まらぬ受験勉強を経験してきたことに因るのではないでしょうか。大学に入れば、若者の知的好奇心をくすぐることのない面白くない勉強は終われりになってしまうのではないでしょうか。日本の教育体制の在り方として、オリジナリティや歴史観・世界観・人生観といったものを養い、物の見方・考え方を育てるようなものに変革して行かねば、根本的解決とはならないと思います。

# 運を開く

（2017年11月1日）

## ポジティブに生きる方策を持つ

日本の宗教家であり参院議員も務められた常岡一郎さん（1899年－1989年）は「運命発展の3つの法」として、①「仕事に全力をしぼる」、②「明るく感心のけいこをする」、③「いやなことでも、心のにごりをすてて喜んで勇みきって引き受ける」、ということを述べておられるようです。

此の運と言いますと直近私も、「運命は変えられる」（アエラドット、2017年10月8日）や「自分の運気を知るためにやる毎朝3回の『ソリティア』」（経済界電子版、2017年9月29日）と題し御話したテーマですが、安岡正篤先生の言を用いれば「心中常に喜神を含むこと」も非常に大事ではないかと認識しています。安岡先生は、人生を生きる上で大事な3つのことに、「心中常に喜神を含むこと」「心中絶えず感謝の念を含むこと」

「常に陰徳を志すこと」として、喜神（喜ぶ心）を持つことを第一に説かれています。

そして曰く、「われわれの心の働きにはいろいろあって、その最も奥深い本質的な心、これは神に通ずるが故に『神』と申すのであります。人間は如何なる境地にあっても、心の奥底に喜びの心を持たなければならぬ。これを展開しますと、感謝、或は報恩という気持ちになるのでありましょう。心に喜神を含むと、余裕が生まれ、発想が明るくなります。また、学ぶ姿勢ができます」とされています。

ネガティブに物事を捉えてばかりいるのでなく、ポジティブに生きるための方策を何らか持たなければなりません。私は之が運を良くすることに繋がると思っています。そして他の2点、「心中絶えず感謝の念を含むこと」及び「常に陰徳を志すこと」を考えるに当たっては過去のブログ、『感謝の出発点～「有り難い」という気持ち～』（２０１３年11月29日）や『報いを求める心からの脱却』（２０１３年3月14日）も有用であると思います。御興味のある方は是非読んでみて下さい。

それからもう一つ、「善因善果《ぜんいんぜんか》・悪因悪果《あくいんあっか》」という仏語がありますが、之は良いことをやれば良い結果が生まれ悪いことをやれば悪い結果が生まれるという意味です。但し、良い結果を期待してやるのではなく、上記した陰徳（陰の徳、誰見ざる聞かざるの中で世に良いと思うことに対して一生懸命に取り組むということ）までとは行かなくとも、当たり前の行為として善行を積み重ねるのです。

尤も、善因善果を期待した行いであっても、陰徳を積むことになっていなくても、「俺は之だけのことをしたんだ！」と言って回る人の行いであったとしても、全ての善き行いはやらないよりは遥かに良いと言えましょう。結果として陰徳を積んだかどうかは別にして、世のため人のためになる何かを大いに為すべきだと私は思っています。

七仏通戒《しちぶつつうかい》の偈《げ》（過去七仏が共通して受持したといわれる、釈迦の戒めの偈）の内２句「諸悪莫作《しょあくまくさ》・衆善奉行《しゅぜんぶぎょう》」にあるように、仏教において善行を施すことが非常に大事にされています。諸々の悪を為さず諸々の善を行って自らの心を綺麗にしておくことが、幸運を招く上で大事だと思います。

## 閃きを得る

（2017年10月20日）

### 全くの無から有は生じない

「くまモンの生みの親」とも称されるクリエイティブディレクター・水野学さんは、「日本人はイノベーションというと、全く新しいことをイメージしがちですが、『AとBをくっつけてCを生み出していく』ことを欧米人はイノベーションと呼んでいるように感じる（中略）、閃きというのも、何かと何かの接着から生まれてくると僕は思う（中略）。そしてうまく接着ができるかどうかは、その人の持つ知識や興味、環境といった様々な要因によるところが大きいと言える」と述べられているようです。

基本的には何も知識ベースが無い中で、ある日突然素晴らしいアイディアが天から降ってくる、といったことは極めて稀な話でしょう。色々な発明者や数学者あるいはノーベル賞受賞者のケースを見ていても、やはり何らかの問題意識を持って長年に亘り研究し真剣に考える、といった中でヒントがパッと出てくるものだろうと思います。概して、そうしたプロセスを経ずしてイノベーションは生まれてこないと思います。

当ブログでは嘗て『天才の特徴～「一時にパッとわかる。」ということ～』（２０１４年3月31日）等で、大数学者アンリー・ポアンカレーの発見に対する日本が世界に誇るべき天才的数学者・岡潔氏の見解や、「アルキメデスの王冠の話」等を御紹介しました。後者は、彼の有名な「アルキメデスの原理」（流体の中で静止している物体は、それが押しのけた流体の重さだけ軽くなる、すなわち浮力を受けるという原理）に繋がって行くことになります。

史上天才と言われる様々な人は徹底的に考えに考えた末、暫《しばら》く当該事項から離れていたとしても、何かの拍子にある日突然それが蘇ってきてふっと閃いたりする、と過去のブログでは指摘しました。必死になって考えに考えた挙句、疲れ果てて寝転んだ時にふっと良い知恵が湧いてくるといった具合に、アイディアや閃きを得る時には、必死になって考える局面が必ず何処かであるはずです。

イノベーションには確かに、「AとBをくっつけてCを生み出していく」ケースが非常に多く感じられます。例えば転換社債という金融商品がありますが、之は社債と株式という既存商品を組合わせた両方の性質を併せ持ったもので大変な人気商品となりました。あるいは定期預金証書というのがありますが、之は既存の定期預金を流動化させるべく証書にして色々な人に持たれるようにして行く一つの組合わせです。このように多くの閃きは、組合わせから生じているわけです。

もっと言うと、例えば人間のヒトゲノムの解析がこれだけ短期間に為された事実は取りも直さずインターネットの進展に拠るものであり、インフォメーションテクノロジーとバイオテクノロジーとが結合したバイオインフォマティクスという学問的・技術的領域の急速な進展が齎した成果に拠るものです。あるいはinterdisciplinary（インターディシプリナリー、学際的）という英語がありますが、此の学際的な研究システム（多分野の専門知識や経験が必要な研究課題等に対して、様々な領域の学者や技術者が協力し合うシステム）の構築が極めて重要になってきています。

英国のケンブリッジ大学やオックスフォード大学を例に見ますと、各カレッジでは色々な領域の学者が一堂に会して食事を共にします。その際、例えば生物学者の言葉を聞いて数学者の頭にピンときて何かの研究サブジェクトのヒントを得る、といったような話は多々あります。こうした学際的環境が新しい着想・発想を誘発することは、現実味があることです。

何れにせよ、基本的には、無から有はそう簡単には生じません。先ず有を齎そうとする弛《たゆ》まぬ努力が求められてはいますが、その人の知識や経験あるいは環境等々、様々な事柄が絡み合い複雑に作用し合う中で、不思議な展開があるようです。

## 年頭所感

（２０１８年1月4日）

### 今年の年相

明けまして御目出度う御座います。

それでは、早速吉例に従い今年の年相を干支で見ましょう。

今年は、戊戌（ぼじゅつ・つちのえいぬ）です。

最初に、古代中国の自然哲学である陰陽五行説《ごぎょうせつ》で見ましょう。戊も戌もどちらも土性の陽で「比和」となります。比和の年は、同気が重なるため、土の性質が組み合わさり、土の性質を強め、良い場合はますます良く、悪い場合はますます悪くなるとされています。

では、五行における土の性質は如何なるものかを見てみます。植物の芽が地中から発芽する様子が元となっており、「万物を育成・保護する性質」と表わし、「季節の移り変わりの象徴」となっています。五行を季節に当てはめると、木は春、火は夏、金は秋、水は冬で、残った土が季節の変わり目を表すことになります。具体的に言えば、季節の終わりの18日間ぐらいを「土用」と言い、その後に立春とか立夏が来て、季節が変わります。この「変わり目」ということが戊戌の年相を見る上で非常に重要になります。このことを念頭に置いていただき、戊戌それぞれの字義について詳説致しましょう。

先ず、「戊」ですが、甲骨文や金文では、戊は手でつかむ円形の斧《おの》やまさかりに似た戈《ほこ》の形象とされています。干支学的には後漢の『白虎通』に「戊は茂なり」とあり、漢の古字書『釈名』にも、「戊は茂なり。物皆茂盛するなり」と説いているように草冠のついた茂と共通し、「茂る、繁茂する」という意味を持つに至ったようです。

「茂」は当然のこととして葉がり・剪定《せんてい》の必要性を暗示しています。その為の道具が、甲骨文や金文の戊の形象である大きな刃がついた戈であると考えると結びつくように思われます。

「戊」の字義をまとめますと、植物が繁茂すれば剪定しなければ風通しや日当たりが悪くなり、樹がいたみ、悪くすると枯れたりします。同様に物事が繁栄し、繁雑化すると思いきって無駄を省き、簡略化に努めなければならないということです。

次に「戌」の字義について見ましょう。

戌も鉞《まさかり》の形象です。一説には一と戈《ほこ》との会意文字で、刃物で作物を刈ってひとまとめに締《し》めくくり、収穫する意を示しているとされています。

干支学的には「戊」に一を加えたものですから、基本「茂」と同義語です。この一は一陽を示しています。生《お》い茂った枝葉をおもいきり剪定し、日当たり・風通しを良くしたら、木にはまだ生気（一陽）が残っているからまた元気になるということです。

また、『説文』には「戌は滅なり」とあり、滅亡する有様を指したものとしています。「戌」は植物の成長サイクルでは11番目の年ですから、成熟を終えた作物が刃物で刈り取られ収穫されるか枯れて、次の世代へと生命を繋《つな》いでいく年なのです。

以上、「戊」・「戌」それぞれの字義を統合しますと、「戊」と「戌」という同じような意味を持つ文字が重なりかつ陰陽五行説では「比和」の関係ですから、より強力にこれらの文字が暗示する繁雑さ・煩瑣《はんさ》さ・複雑さが増していく方向に向かうことになるでしょう。ですから、今年は「戌」には一陽がまだ蔵されていることを頭に入れて、果断に不要なもの、終わったもの、さらには将来の成長にマイナスとなり得るものを全て切り捨てることで次の年に向けて維新していかねばならないということです。

史実の歴表に徴《ちょう》してみますと、前記してきた戊戌の年相がよく御理解いただけると思います。

120年前の戊戌の年である1898年には、4月には米西戦争すなわちアメリカとスペインの戦争が起きました。スペインは敗北し、アメリカはカリブ海及び太平洋のスペインの旧植民地に対する管理権を獲得しました。

この米西戦争という史実はアメリカはスペインが植民地にしていたキューバの独立を支援するという一見大義（正義の戦争。直接的な口実はアメリカの軍艦によるメーン号爆沈事件）により起こしたものですが、結果は太平洋の覇権が「スペイン」から「アメリカ」へと移っただけでした。パリ条約でキューバはアメリカの保護国となり、その上アメリカはフィリピン、グアム及びプエルトリコを含むスペインの植民地のほとんどを獲得したのです。この戦争のように何かを契機として、アメリカファーストで世論も議会も好戦的に動くと北朝鮮との戦争も十分にあり得ると思います。今年の年相を干支学で見ても九星気学で見ても九紫火星《きゅうしかせい》なので争いは起こり易いのです。

6月に大隈重信内閣が誕生しました。短命ではありましたが、それまでの藩閥政治から、日本で最初の政党内閣への大きな変革でした。

清朝時代の中国では「戊戌の変法」と呼ばれる光緒帝による立憲君主国家を目指した新政を施行したが、西太后を中心とする守旧派が先手をとり、クーデターを起こし、帝は幽閉されました。変革には守旧派との対立が付き物で、難しいものです。

10月には院展の名で親しまれる日本美術院が横山大観、下村観山を含む26名で開院したのもこの年でした。その後の日本美術の発展に多大な貢献をしました。

12月には、キューリー夫妻がラジウムの発見を発表しました。ラジウムは一時期放射線源としてガン治療に使用されました。

次に60年前の1958年を見てみましょう。

1月には東京通信工業がソニーに社名を変更しました。これは新製品で世界市場に打って出ようとする当時の経営陣の心意気の表れでしょう。

2月には関門トンネルが開通しました。この世界初の海底道路トンネルの誕生で、本州から九州まで徒歩でも渡れるようになったのです。

この年にもっとも話題になったのは11月の明仁皇太子と正田美智子さんの婚約発表でしょう。皇太子の婚約相手を民間の人から選ぶのは、当時はエポックメーキングな事だったのです。

12月には当時インフレが懸念されていた一万円札が発行されました。今ではなくてはならないものですね。また、12月に国民健康保険法が公布され、その後長寿大国日本の名声を高めることに大きく貢献しました。

その他幾つか、興味深い出来事を挙げて置きましょう。

・この年の下期から１９６１年の下期にかけて岩戸景気と呼ばれた好景気がスタートします。

・東京タワーが当時世界一の高さ（３３３メートル）で完成。この年のラジオ普及率は82％でピークを付け、そこから減っていきます。テレビ時代の幕開を象徴したのが東京タワーです。

・インスタントラーメンの発売。日清食品が初のインスタントラーメン「即席チキンラーメン」を発売しました。これはその後人々の食生活に大きな変化をもたらしました。

・ロカビリーの音楽も若者が熱狂し、音楽業界に大きな変化をもたらしました。
・阿蘇山の大爆発もありました。死者12名、負傷者28名でした。
・アメリカでアメリカ航空宇宙局NASAが発足しました。
・アメリカ初の人工衛星「エクスプローラ1号」の打ち上げに成功しました。

以上、戊戌の年の史実を見てきたわけですが、五行における土星の性質（すなわち「変わり目」となるという性質）が遺憾なく発揮されています。またそこからの変化は後々の時代にも大きな影響をもたらしたものと言えると思います。戊戌の年は良い意味でも悪い意味でも強烈な変化をもたらしていくのです。

最後に、以上述べた年相を踏まえ、我々SBIグループとしてはどうあるべきかについて触れておきます。

第一に、組織の剪定を果断に断行します。これまで以上にグループの各事業、各プロジェクトの優先順位を明確にし、経営資源のより厳密な配分を行います。新しい生命力の創造は、こうした剪定による環境整備によりなされるのです。

モンゴル帝国のチンギス・ハンが見込んだ耶律楚材の言、「一利を興《おこ》すは一害を除くに若かず。一事を生ずるは一事を減ずるに若かず」をもう一度かみしめてもらいたいと思います。

第二に、剪定する、省くといってもそこには何が成長の芽になるのかという冷徹な判断が常に必要です。我々ＳＢＩグループはＡ＆Ｂ即ちＡＩとBlockchain（ブロックチェーン）を今後10年間に最も大きな社会変革を起こす技術として位置付けています。こうした分野には傾斜的に経営資源をつぎこむつもりです。そうした取捨選択が絶対に必要です。具体的にはこうした成長分野への投資、グループ内でのＡ＆Ｂの積極的導入をやらねばなりません。金融サービス事業分野においては仮想通貨とネオファイナンシャルサービスの生態系の構築に全力投球しなければなりません。

第三に、前述したように今年は様々な分野で大きな変化が起きやすい年ですが、我々は寧ろそうした変化をチャンスと受けとめ、変化を進化に繋げる努力をしなければなりません。その努力の先に比類なき繁栄があるのです。

第四に、現状全ての事業が非常に好調です。こういう状況の時ほど「得意淡然《とくいたんぜん》」でなければなりません。つまり驕《おご》らず、つつましい態度でいなければなりません。

以上、肝に銘じておいていただきたいと思います。

# 品性というもの

（2018年1月15日）

## 最も大事な人間の値打

森信三先生いわく、「人間のネウチというものは、その人が大切な事がらにたいして、どれほど決心し努力することができるかどうかによって、決まるといえる」とのことであります。

あるいは、「人間の真のネウチというものは、一、その人がどれほど自分の仕事に忠実であるかという事と、もうひとつは、二、心のキレイさにある」とか、「人間の真の値打ちは、その人がどこまで『人のお世話』が出来るかどうか、という一事に帰する」とも先生は述べられており、人間の値打につき他にも色々な言い方をされています。

当該テーマで私見を申し上げますと、これまで私は『人間の真の値打ち』（2015年10月15日）や、『人間の価値とは？』（2016年8月9日）等と題したブログを書きましたが、とどのつまり品性こそが最も大事な人間の値打であり、そこに尽きるのではないかと思っています。

例えば嘗て幾度か御紹介したように、ピーター・F・ドラッカーもその著書の中で「経営者が為さねばならぬことは学ぶことが出来る。しかし経営者が学び得ないが、どうしても身につけなければならない資質がある。それは天才的な才能ではなくて、実はその人の品性なのである」という表現をしています。

御先祖様から脈々と受け継いできている「血」、どのような環境の中で育ってきたかという「育ち」、そして「学問修養」が人間を形成する三要素です。「血」や「育ち」を変えるのは非常に難しいことですが、「学問修養」によっては変えることも可能となり、そしてまた、自分の品性を高めて行くことが出来るようになります。

森先生も「人間の修養上、最大の難物」と述べておられる通り、人間としての品性を高位に保つのは大変難しく、だからこそ平生の心掛けを大事にすると共に、必死になって学問修養をして行かねば、品性というものは決して磨かれ得ないのです。

先生の言葉を借りて言えば、「気品を身につけるには、依然として修養によって心を清める以外に、その途のないことが明らかなわけ」で、「人間の人格的価値を言い表す上において、この気品という言葉ほど適当なものは、外にはない」でしょう。様々な事柄の結晶がそこに凝縮された結果が品性であり、品性には全人格が集約されるのだと思います。

# 思うて学ばざれば即ち殆《あやう》し

（2018年5月30日）

## 学びに年齢は関係あるか

『思考の整理学』（1983年）で有名なお茶の水女子大学名誉教授、外山滋比古さんは「読書が役立つのは30代まで」と断言されているようです。そして、「本好きな人は知識があることで人間的にどんどんダメになっていく。40歳を過ぎたら本に頼らず、自分で考える」とか、「知識が多い人ほど考えない。知識を自分のもののように使っていると、物マネ癖がついてしまいます」と言われているようです。私は、年齢云々関係なしに、学びと思索というのは常に平衡裡に為されて行かねばならないと思っています。

国語辞書を見ますと、思索とは「論理的に筋道を立てて考えること」と簡単に書かれています。しかし、私は思索とは、少し考えたといった程度のものではなく、日々考えて考えて考え抜き、また考えながら学び続けて学び尽くす――思索といった時には此の両方が混在し、此の両方をバランスさせて行かなければならないと思います。『論語』の孔子の言葉にあるように、「学んで思わざれば則ち罔《くら》し。思うて学ばざれば則ち殆し」(為政第二の十五)、即ち「学んでも自分で考えなければ、茫漠とした中に陥ってしまう。空想だけして学ばなければ、誤って不正の道に入ってしまう」ということです。更に私は『伝習録』にある王陽明の言、「知は行の始めなり。行は知の成るなり」でなければ、駄目だと思っています。つまり、知を得た人はどんどんとその知を行に移し、知と行とが一体になる知行合一的な動きに持って行かなければ、その知は本物には成り得ないということです。

世の中は常に変化し、変化と共に新たな思索が次々生まれ、人類社会は継続進化して行っています。勿論、時代が変われども本質的に変わらぬ部分も沢山ありますが、20代・30代に詰め込み蓄えた知識だけでは如何ともし難くなるでしょう。学び薄くして唯我独尊の世界に入ったならば、之は大変な間違いを犯しかねません。「行年六十にして六十化す」(荘子)という位まで学び続け、思索を深め、知恵を磨いて行くことが大事だと思います。

学ぶとは、ある意味で多くの知見を集めること、英知を結集することであり、日々の社会生活の中でも為され得ることです。他方、そうした日常を離れ静かに先賢の書を読む中で、今一度心が洗われたりもするでしょう。あるいは良書を再読し、「この人が言いたかったのは、こうじゃなかったんだ。之は間違っていたなぁ」と昔の思いが理解できたりもするでしょう。

外山さんは94歳に成られる御年まで立派に生きられ大した人であろうと思いますが、安岡正篤先生にしろ森信三先生にしろ、生涯ずっと書を読み学び続けてきた人であります。いま偶々《たまたま》机上に、安岡正篤著『いかに生くべきか』（致知出版社）が置いてあります。此の本は何度読み返してみても、その時その時で付箋を貼ったり線を引いたりする箇所が必ずしも同じでなく、様々に違いのある示唆に富んだ一冊です。

例えば、書中に安岡先生は『菜根譚』の言葉「人を看《み》るには只後半截《ただのちはんせつ》を看よ」を引用しながら、「誠に人の晩年は一生の総決算期で、その人の真価の定まる時である」と書かれています。歳を取るに連れ、その人の地金が露わになってくるということで、我々は幾つになっても如何に生きるべきかを問い、学び続けねばならないと思います。

# 人を超越し、天と対峙する

（２０１８年６月７日）

## 自分の良心に恥じない生き方

アリババ創業者の馬雲（ジャック・マー）さんの言葉に、「他人から良く言われる時、実際には何もよくない。お前たちはダメだなと言われる時、結構良いんじゃないかな。こういう心理で今まで走り続けてきました」というのがあるようです。私の場合はと言うと、常に見るのは人でなく天であります。これまで、唯々自分の良心に顧みて「俯仰《ふぎょう》天地に愧《は》じず」の精神の基、世の毀誉褒貶を顧みぬよう努めてきました。

それは正に『孟子』にある有名な孔子の言葉の如く、「自ら反《かえり》みて縮《なお》くんば、千万人と雖《いえど》も吾往《われゆ》かん」という世界です。何事においても何時も己の確固たるものを持ち、主義・主張・立場を明確にし、自分の良心に恥じないような生き方を貫き通すことが大事だと思ってきました。

『論語』の「為政第二の二十四」に、「義を見て為《せ》ざるは、勇なきなり」という孔子の言葉もありますが、私が中国古典とりわけ『論語』から学んできたのは、筋を通し義を貫くという生き方です。如何なる事態に直面しようともそうした姿勢を決して崩さず、世の様々な評判を一切気にせずに、自分が正しいと信じた道を勇気を持って突き進んできたつもりです。

もちろん人夫々《それぞれ》の考え方や人生観で生きたら良いとは思いますが、そもそも人から良く言われようが悪く言われようが人の言など気にしていても仕方がないと思います。何故なら、嘗てのブログ『何のために命を使うか』（２０１４年8月21日）でも述べた通り、此の世に生を受けた以上、我々は自らに与えられた天命を明らかにし、その天命を果すために命を使わねばならないからです。

『論語』の「尭曰第二十の五」に、「命を知らざれば以て君子たること無きなり」という孔子の言があります。天が自分に与えた使命の何たるかを知らねば君子たり得ず、それを知るべく自分自身を究尽し、己の使命を知って自らの天賦の才を開発し、自らの運命を切り開くのです。

あるいは佐藤一斎なども『言志録』の中で、「人は須《すべか》らく、自ら省察すべし。天、何の故に我が身を生み出し、我をして果たして何の用に供せしむる。我れ既に天物なれば、必ず天役あり。天役供せずんば、天の咎《とがめ》必ず至らん。省察して此に到れば則ち我が身の苟生《こうせい》すべからざるを知る」と言っています。

自分は天から如何なる能力が与えられ、如何なる天役（此の地上におけるミッション）を授かり、如何なる形でその能力を開発して行けば良いのか――天が与えし自分の役目を己の力で一生懸命追求し、その中で自分自身を知って行くのです。

そして一度それを探し当てたらば、上記の言葉「自ら反みて縮くんば、千万人と雖も吾往かん」のように、人を超越し天と対峙して自らの心に一点の曇りなき事柄を、世のため人のため自分の使命として堂々と為して行くだけです。

## 人物を涵養する

（２０１８年8月29日）

### 終生努力し続ける

BUSINESS INSIDER JAPANに今月5日、「40歳になって後悔しないために……20代で始めておくべき17のこと」という記事がありました。そこには「今日から始められる、今後の人生を変えるかもしれないアドバイス」として、「リスクを取れ」「まずはやってみる」「弱みを強みに」「自分を許そう」「友情を築こう」等々17の事が挙げられています。

あれをしろ・これをしろ、と様々書かれているわけですが、人は十人十色。夫々が全く違う中で個別具体的に何々をしろ、という話では必ずしもないと思います。当該テーマに対する私の結論を述べるならば、江戸時代の名高い儒学者・佐藤一斎の「三学戒」に書かれている通りだと思います。即ち、「少《わか》くして学べば壮にして為すあり。壮にして学べば老いて衰えず。老いて学べば死して朽ちず」ということです。

之は、「人は、幼少の頃に学ぶ楽しさが身につけば、大人になった時、社会の役に立つ人物となる。壮年期（30歳過ぎ）で学ぶ意欲が心の底から湧き出せば、中高年と言われる年代になって日々の人生が充実し、周囲を明るくできるものだ。老年期（70代過ぎ）で学ぶ人は、今までの人生経験に輝きが増し、朽ちたような死に方はしない。そして、後世の人々に大きな目標・理想の炎を燃やし続けさせる人物となる」といった意味です。

此の三学戒に表れているように、夫々の年代で云々でなく、兎に角若い時から人物を磨き続け高め行くための絶えざる努力をしなければならないのです。人間力をきちっと養うべく事上磨錬《じじょうまれん》し続けることが、ある意味全てだと思います。

我々は絶えず人間力を高めるべく、学んで行かねばなりません。最初から人間力が何であるかと分かった上で、学び始めることは有り得ません。学びを深めて行く過程で、人間力は何かと、気付いて行くものです。そして更には人間力を高めるに学びだけでは不十分であり、日々の実践を要すると気付いてくるのです。

『論語』の「泰伯《たいはく》第八の七」に曾子《そうし》の言、「士は以て弘毅《こうき》ならざるべからず。任重くして道遠し。仁以て己が任と為す。亦《また》重からずや。死して後已《や》む、亦遠からずや」があります。

曾子は、「学徒たる者は度量があって、意志が強く、毅然としていなくてはならず、責任重大で道は遠い。仁道を推し進めるのが自らの責務であり、この任務は重大である。死んで初めて終わるとは、何と道程は遠いことではないか！」と言っています。

人道を極め多くの人を感化し此の社会をより良くして行くべく、終生努力して行く姿勢を持ち続けるのです。そして「行年六十にして六十化す」（荘子）ではないですが、何歳になろうが常に変身し自らを知行合一的に向上させて行くということではないでしょうか。

〈著者紹介〉

**北尾吉孝**（きたお・よしたか）

1951年、兵庫県生まれ。74年、慶應義塾大学経済学部卒業。同年、野村證券入社。78年、英国ケンブリッジ大学経済学部卒業。89年、ワッサースタイン・ペレラ・インターナショナル社（ロンドン）常務取締役。91年、野村企業情報取締役。92年、野村證券事業法人三部長。95年、孫正義社長の招聘によりソフトバンクに入社。

現在、SBIホールディングス株式会社代表取締役社長。また、公益財団法人SBI子ども希望財団の理事、SBI大学院大学の学長、社会福祉法人慈徳院の理事長も務める。

主な著書に『実践FinTech』『成功企業に学ぶ 実践フィンテック』（以上、日本経済新聞出版社）、『修身のすすめ』『強運をつくる干支の知恵』『ビジネスに活かす「論語」』『森信三に学ぶ人間力』『安岡正篤ノート』『君子を目指せ 小人になるな』『何のために働くのか』（以上、致知出版社）、『実践版 安岡正篤』（プレジデント社）、『出光佐三の日本人にかえれ』（あさ出版）、『仕事の迷いにはすべて「論語」が答えてくれる』『逆境を生き抜く名経営者、先哲の箴言』（以上、朝日新聞出版）、『日本経済に追い風が吹いている』（産経新聞出版）、『北尾吉孝の経営問答！』（廣済堂出版）、『中国古典からもらった「不思議な力」』（三笠書房）、『日本人の底力』『人物をつくる』『不変の経営・成長の経営』（以上、PHP研究所）、『人生の大義（共著）』（講談社）、『起業の教科書（編著）』『進化し続ける経営』『E-ファイナンスの挑戦Ⅰ』『E-ファイナンスの挑戦Ⅱ』『「価値創造」の経営』（以上、東洋経済新報社）、『北尾吉孝の経営道場』（企業家ネットワーク）など多数。

**心眼《しんがん》を開《ひら》く**

---

2018年11月6日　初版第1刷発行

著　者　北尾吉孝

発行人　佐藤有美

編集人　大澤義幸

---

ISBN978-4-7667-8620-0

発行所　株式会社　経済界

〒107-0052　東京都港区赤坂1-9-13 三会堂ビル

出版局　出版編集部☎03（6441）3743

出版営業部☎03（6441）3744

振替 00130-8-160266

http://www.keizaikai.co.jp

---



印刷　㈱光邦